山本博樹 編著
Hiroki Yamamoto

Explanatory Psychology for Certified Psychologists

公認心理師のための説明実践の心理学

ナカニシヤ出版

はじめに

　「光陰矢の如し」という諺をご存知のことでしょう。「光」は日,「陰」は月を表し,月日がいかに早く過ぎ去るかを表現しているのですが,手元から放たれた矢の素早さに喩えるところに味わいがあります。まさに,昨今の日々は放たれた矢のように過ぎ去り,私たちの暮らしている社会は目まぐるしく変転し続けています。今から10年以上前の2007年に,『説明の心理学――説明社会への理論・実践的アプローチ――』(比留間・山本, 2007, ナカニシヤ出版)を刊行して以降,この月日もまた矢のように過ぎ去りました。同書では説明社会の到来を謳いましたが,この説明社会もまた元の形を止めてはいません。

　心理学ワールドとの関連で言えば,2015年9月9日に議員立法により公認心理師法が成立し,9月16日に公布され,2017年9月15日に施行されました。そして,翌2018年9月9日に第1回の公認心理師試験が実施となって,いよいよ公認心理師の養成がスタートしたわけです。同法によれば,公認心理師は「心理的な支援を行う者」をいい,「心の健康に関する教育・情報提供活動」が業務として定められていますが,その業務の中に,心理的支援にかかわる種々の説明実践がいわゆるインフォームド・コンセントの名の下に認定されたことが重要です。本書は,この公認心理師による説明実践に注目しました。そして公認心理師が遂げるべき説明実践を広く捉えて,この説明実践について理論と実践の両面から真摯に向き合われてこられた気鋭の研究者にその実像を解明していただき,求められる説明実践のあり方を提言していただいた次第です。この企図は十分に達成できたと考えています。

　ここで説明研究についてもふれておきます。やはりこの10年間で説明研究もまた目覚ましい発展を遂げました(概要は山本, 2017)。そして現在も活況を呈

i

はじめに

しており，止まる気配がありません。この末席にいる者としては大変喜ばしく，研究領域の発展を見るにつけ万感に迫る思いが去来するところです。ただ，一抹の不安がよぎるのは私だけでしょうか。それは，公認心理師が遂げるべき説明とはどのようなものかということ。実は，公認心理師が遂げるべき説明とはどのようなものかが，一向にわからないのです。遂げるべき説明実践の中身を説明研究者さえ捉え切れていないという状況は，いわば弓の射手が弓をどこに放ったかもわからないというようなもの。行き先のわからない矢を放っておいて，本当に説明責任が遂げられるものなのでしょうか。

本書の特徴は，理論と実践の両面に精通した研究者が，公認心理師が遂げるべき説明実践とはどのようなものかを，たとえ限られているとはいっても，できるだけエヴィデンスに基づく研究知見や，自らの説明実践に即して提言しようという点にあります。心理学ワールドで浮かび上がってきた課題に対しては，やはり心理学研究者自らが説明実践の場を捉え直し，自らの説明実践を振り返って，自らの責任でそのあり方を示すべきでしょう。

この点において，本書は公認心理師としてご活躍の方々，公認心理師を目指す大学院生や学生にとって，まさしく意義のある書になることは確かでしょう。同時に，説明実践に興味を抱かれた高いレベルの心理学研究者の方々，説明に魅了された志の高い公認心理師や心理実践家の皆さん，説明社会で生き抜くためのスキルを手にしようとお考えの意欲的な皆さんにとっても，役に立つ構成になっております。

前書の『説明の心理学』では説明社会を広くレヴューしたのに対して，本書は一つの説明実践，つまり公認心理師の説明実践に焦点を絞っている点が大きく異なります。一事が万事という諺がありますが，わずか一つの物事でも，そこから全貌を推し量ることができるという教えとして捉えたいと思いますが，公認心理師の説明実践の中にも，説明実践の全般に通底するメカニズムが縮約されているとも言えそうです。この一事ともいえる公認心理師の説明実践から，全貌を見わたすことができるのは，高い専門性を持った研究者なのかもしれません。本書はこの期待に応えうる第一人者に執筆を依頼した次第です。

本書は，4つの力が説明実践には必要と考えて，対応する第4部から構成されています。第1部は「公認心理師の尽くすべき説明力」であり，この中の1

章から4章で利用者への「説明力・説明責任・説明過程・多様な利用者への説明」が示されます。第2部は「利用者の視点に立った説明力」であり，5章から7章で「関係性の視点・援助要請の視点・メタ認知の視点」から説明力が解説されます。第3部は「理解を促す説明表現力」であり，8章から11章で利用者の理解を促す「口頭説明・文書説明・図表・発話とジェスチャー」の有効性が論じられます。第4部は「現場で生かす説明実践力」であり，12章から16章で「保健医療・福祉・教育・司法犯罪・産業労働」の5分野における説明実践の事例とあり方が示されます。

　各章は読み応えのあるものに仕上がっております。本書を通じて，公認心理師の説明実践が明らかになり，本書を手に取られた皆さま方がまさに矢の名手のごとく，的を射た説明が実践できるようにお手伝いができればと願っています。もちろん，月日が流れても，変わりなく続く原理・原則的な書になればと密かに願っているのですが，狙いは達成できたように思います。

　最後に本書の刊行に先立つエピソードを少し紹介して結びたいと思います。実は2007年に前著を刊行して以降，折に触れてナカニシヤ出版の宍倉由髙氏から続編への励ましをいただいておりました。けれども，弓を引く気がまったく起きませんでした。私らしいといえばそうなのですが，気が起きないと書けないのです。書けるかもしれないのですが，書いてはいけないような罪悪感さえ，もたげてくるから不思議です。そんなある日，私の方から導かれるように宍倉氏のもとを尋ねます。待っていましたよ，と宍倉さん。弓さえ握ろうとしない者をこれだけ待つのも大変だったことでしょうに。彼の笑顔が今回の出来を約束したのです。もちろん，抜群の編集力を発揮いただいたことは言うまでもありません。宍倉氏に心より謝意を表します。

　また，ご執筆くださった先生方には，編集の段階でさまざまな要望を出させていただきました。自分にそうされると愉快でないのに，他者には平気で要望を出す自分に恥じ入りつつも，一人で夜空を見上げながら口笛など吹きながら，ご無理ばかりを申し上げましたことを詫びておりました。改めてお詫び申し上げます。そして，皆さまのご協力に対してこの場をお借りして，深く感謝いたします。

編者　山本博樹

はじめに

文　献

比留間 太白・山本 博樹 (2007). 説明の心理学——説明社会への理論・実践的アプローチ—— ナカニシヤ出版

山本 博樹 (2017). 説明実践を支える教授・学習研究の動向　教育心理学年報, 56, 46-62.

目 次

はじめに　i

第1部　公認心理師の尽くすべき説明力

1章　公認心理師と説明の力 [沢宮容子]..................1
　1．公認心理師の「4つの業務」における説明の力　1
　2．公認心理師の「5つの分野」における説明の力　2

2章　説明者としての責任 [斎藤清二]..................5
　1．現場でなぜ説明が必要なのか？　5
　2．なぜ説明が機能しないのか？　7
　3．説明の対話的構造と機能　9

3章　利用者への説明過程 [比留間太白]..................15
　1．説明過程の時空間　15
　2．利用者モデルの想像　18
　3．利用者モデルから一人ひとりの利用者へ向けた
　　　説明の編成　20

4章　多様な利用者への説明原則 [柘植雅義]..................25
　1．利用者の多様性　25
　2．障害のある子どもや大人への説明原則　27
　3．障害のある子どもや大人への説明の具体的配慮　28

第2部　利用者の視点に立った説明力

5章　面接時の関係性を築く説明実践 [森岡正芳]..................35

v

1．協働的な説明実践としての心理支援　35
　　　2．正しい説明という暴力　36
　　　3．受け手の自己理解に役立つアセスメント　37
　　　4．心理支援の場の特徴に応じた説明　39
　　　5．日々の面接記録より　40
　　　6．関係性をつくる説明　42

6章　援助要請の抵抗感を理解した説明力　[水野治久]　45
　　　1．カウンセラーに対する援助要請　45
　　　2．援助要請の抵抗感とスティグマ　46
　　　3．援助要請の抵抗感を理解した説明　50

7章　メタ認知を働かせた説明力　[三宮真智子]　55
　　　1．コミュニケーション行為としての説明　55
　　　2．説明の誤解　57
　　　3．メタ認知による説明の改善に向けて　60

第3部　理解を促す説明表現力

8章　口頭説明の有効性　[伊藤貴昭]　65
　　　1．口頭説明の基盤となる心理プロセス　65
　　　2．利用者に合わせた説明をすることの難しさ　68
　　　3．説明により理解を促す　70

9章　文書説明の有効性　[山本博樹]　75
　　　1．利用者が決める文書説明の価値　75
　　　2．利用者の支援ニーズに応える説明書　77
　　　3．利用者の個別性に応える説明書　80

10章　図表の有効性　[島田英昭]　85
　　　1．説明における図表の2つの役割　85
　　　2．動機づけ支援　87

3．理解支援　　89

11章　**発話とジェスチャーの有効性**［古山宣洋］……………95
   1．ジェスチャーとは？　　95
   2．ジェスチャーは有効なのか？　　98
   3．むすび　　105

第4部　現場で生かす説明実践力

12章　**保健医療分野の説明実践**［山崎久美子］……………109
   1．歴史から見た医師の説明実践　　109
   2．医療の現場での心理職の説明実践　　111
   3．公認心理師が遂げるべき説明実践の在り方　　115

13章　**福祉分野の説明実践**［森地　徹］……………121
   1．福祉分野におけるEBPの誕生と展開およびその特徴　　121
   2．福祉分野におけるEBPの手順，評価と展開における
      注意点　　123
   3．福祉分野におけるEBPの例　　125
   4．説明実践への期待　　128

14章　**教育分野の説明実践**［岡　直樹］……………131
   1．学習支援の方針・計画についての説明　　131
   2．学習支援の経過についての説明　　133
   3．学習支援（指導）における説明　　134
   4．おわりに：学習支援における教科書の利用　　138

15章　**司法犯罪分野の説明実践**［廣井亮一］……………141
   1．刑事司法と少年司法　　141
   2．「非行少年」とは　　143
   3．刑事裁判における説明実践　　145
   4．刑事裁判における心理臨床的説明の困難性　　147

5．司法における説明の在り方　　148

16章　産業労働分野の説明実践 [大塚泰正].................................153
　　1．ストレスチェック制度の概要　　153
　　2．個人への説明　　156
　　3．集団への説明　　159

索　引　163

1章 公認心理師と説明の力

沢宮容子：筑波大学

　公認心理師とは，「4つの業務」と呼ばれる職務を遂行する心理支援の専門家である。その職業倫理的責任を果たすうえで重要となるのが，説明の力だ。

1．公認心理師の「4つの業務」における説明の力

　「公認心理師」には，「4つの業務」と呼ばれる職務がある（表1-1）。
　この中で，説明実践と特に関わりの深いのが，国民全体を対象として行う「④心の健康に関する知識の普及を図るための教育及び情報の提供」である。
　たとえば，産業・労働分野におけるメンタルヘルスケアでは，ストレスチェック制度の活用や職場環境等の改善を通じて，メンタルヘルス不調を未然に防止する「一次予防」，メンタルヘルス不調を早期に発見し，適切な措置を施す「二次予防」，およびメンタルヘルス不調となった労働者に対し職場復帰の支援等を行う「三次予防」が円滑に行われるようにする必要がある。
　これらのすべての取り組みにおいて，「心の健康に関する知識の普及を図るための教育及び情報の提供」が必須となる。職場環境等の改善，メンタルヘル

表1-1　公認心理師の「4つの業務」

①心理に関する支援を要する者の心理状態を観察し，その結果を分析すること。
②心理に関する支援を要する者に対し，その心理に関する相談に応じ，助言，指導その他の援助を行うこと。
③心理に関する支援を要する者の関係者に対し，その相談に応じ，助言，指導その他の援助を行うこと。
④心の健康に関する知識の普及を図るための教育及び情報の提供を行うこと。

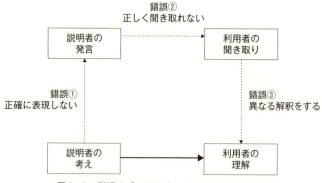

図1-1　説明のプロセス（Gordon（1970）を改変）

ス不調への対応，休業者の職場復帰のための支援等は，これらを通して円滑に行われるわけである。

　さらに，心理に関する支援を要する者（以下，要心理支援者）を対象とする，①の「心理状態の観察及び結果の分析すること」，②および③の「相談に応じ，助言，指導その他の援助を行うこと」にも，説明実践の要素が含まれる。

　ここで忘れてはならないのが，「インフォームド・コンセント」である。これは，公認心理師が行う援助の内容などを，公認心理師から説明したうえで，要心理支援者が強制されることなく自由意志で同意（あるいは拒否）する権利を保障するものである。「説明と同意」とも呼ばれる。

　図1-1で示したように，錯誤が起きる可能性は随所にある。公認心理師はそのことを十分に考慮したうえで，要心理支援者に適切な説明を行うことが大切である。それは，公認心理師にとって，重要な職業倫理的責任となるのである。

2．公認心理師の「5つの分野」における説明の力

　公認心理師の主な活動分野としては，a) 保健医療，b) 福祉，c) 教育，d) 司法・犯罪，e) 産業・労働，の5分野が想定されている（表1-2）。
　この「5つの分野」で，「4つの業務」を適切に実践するわけである。

たとえば，c) 教育分野においては，スクールカウンセラー等として，幼児児童生徒，保護者および教職員に対する相談・援助等を行うことにより，不登校，いじめ，暴力行為などの問題行動等を未然に防止したり，早期に発見したり，事後に適切な対応を行ったりすることができる。また発達障害を含む障害をもつ児童生徒等に対し，心理検査や支援，学校への助言などの必要な対応も行う。さらに，幼児児童生徒，保護者および教職員に対して，心の健康に関する教育および情報提供も行う。大学等に在籍する学生，保護者および教職員についても，同様に必要な対応を行い，組織全体への助言も行う。①〜④の「4つの業務」はこのようにして実践されるわけである。

表1-2 公認心理師が活動すると想定される主な「5つの分野」

a) 保健医療分野
b) 福祉分野
c) 教育分野
d) 司法・犯罪分野
e) 産業・労働分野

図1-2 公認心理師の「4つの業務」と主な「5つの分野」

　活動する分野ごとに，4つの業務の具体的内容は異なるものの，活動が想定される主な「5つの分野」が横糸となり，「4つの業務」はそれを貫く縦糸となって，公認心理師の職務が織り込まれていく（図1-2）。どの分野においても，説明実践の力は重要となる。

　厚生労働省（2017）の『公認心理師カリキュラム等検討会報告書』の中の「公認心理師のカリキュラム等に関する基本的な考え方について」には，「公認心理師に求められる役割，知識及び技術」の〈活動する分野を問わず求められるもの〉の1つとして「心理状態の観察・分析等の内容について，適切に記録ができること及び必要に応じて関係者に説明ができること」と記されている。

すなわち，公認心理師が活動分野すべてについて，この「関係者への説明の力」が不可欠となるわけである。

公認心理師への提言

公認心理師の「4つの業務」において，説明がどのように機能しているかを意識すること，そして公認心理師の主たる活動分野である「5つの分野」において，説明がどのように実践されているかを把握することが重要である。

公認心理師にとって，説明の力をもつことが，重要な職業倫理的責任につながることをよく理解したうえで，「インフォームド・コンセント＝説明と同意」を行うようにしたい。

読書案内

一般財団法人日本心理研修センター（編）(2016). 公認心理師（臨床心理学臨時増刊号） 金剛出版 （推薦理由：公認心理師と他機関・他職種との連携，新たに公認心理師に求められる知識・技能など，心理職の国家資格化によって浮上する多様な課題に応える一冊である。）

金沢吉展（2006）. 臨床心理学の倫理をまなぶ 東京大学出版会 （推薦理由：心理臨床の場で，より適切な対応を行うにはどうすればよいのか。職業倫理の観点から答えるのが，本書である。具体的な臨床場面中で活用できるよう，実践的な解説がなされている。）

文　献

厚生労働省（2017）. 公認心理師カリキュラム等検討会報告書
　〈https://www.mhlw.go.jp/stf/shingi2/0000167172.html〉
Gordon, T. (1970). *Parent effectiveness training: The proven program for raising responsible children*. New York, NY: Three Rivers Press.

2章
説明者としての責任

斎藤清二：立命館大学

　筆者は医師として40年，臨床心理士として25年間，現場での実践と教育を行ってきた。医療の実践現場と臨床心理学の現場（以下心理支援と略称）には，共通の部分と異なっている部分があり，一律に述べることは難しいが，公認心理師の職責ということを考えた場合，医療と心理支援の双方の側面から考えていくことは重要である考えられるので，本稿では両者を敢えて区別せずに，いったりきたりしながら論じていくことにしたい。

1. 現場でなぜ説明が必要なのか？

　最初に，医療と心理支援の共通点を述べる。第一は「支援するもの（医師や心理専門職）」と「支援されるもの（患者やクライエント）」の二者関係が基盤となっていることである。第二は「支援されるもの」の利益が最優先されることである。第三は，現場での出来事は一回限りの個別事象であることである。特に最後の，「現場での実践は再現性が保証されることのない一回限りの個別事象である」という事実はとても重要である（斎藤, 2018）。多くの場合，患者やクライエントは，自分に降りかかっている「好ましくない状況」について，単純で確実な因果関係による説明と未来予測を求める。しかし現実はそのようにはできていない。現場で起きることはつねに不確実で，複雑である。これは，患者やクライエントなどの「支援を受けるもの」は，現場においてつねに不安になることが避けられないということを意味している。
　医療において，患者の視点から見た医療に対する不満や要望についての調査によれば，患者が医療に抱く不満のうちつねに上位にくるのが，「医療者（特に医師）からの説明不足」であることはよく知られている。医療者側の視点か

ら見ると、インフォームド・コンセント（以下ICと略称）の概念が導入されてから、医療者は患者への説明や情報提供の重要性を認識し、より多くの労力をかけるようになった。しかし、その努力は必ずしも報われていない。何らかのトラブルが生じた時には、患者や家族から「十分な説明を受けていない」という主張がなされ、法律家も「説明義務違反」を医療側の重大な過失と見なす。これは、医療者側から見た「十分な説明」と、患者・家族側が実感する「十分な説明」の間に、明らかなギャップが存在することを意味している。

　医療や支援の現場では、患者や家族は不安の真っただ中にいる。例えば、突然の予想外の病気が発症し、何らかの治療や処置が必要となり、その説明を医療者から聞く場合を想定してみる。不安が少しでも軽減されるために必要なこととはなんだろうか。おそらく以下の3つのことが役にたつだろう。第一は、「なぜこのような事態になったのか」という過去から現在までの時間の経過における事実の連鎖と、その因果関係が明らかになることである。第二に、「今現在の情況はどのようになっているのか」についての全体的な把握が可能になることである。そして第三に、「近い将来の（私を含む）情況はどのようになっていくのか」の予測がある程度可能になることである。このような原則は、病気の発症と治療に関する説明においても、予想外の何らかのトラブル（例えば医療事故など）においてもほぼ同様であると思われる。

　クラインマン（Kleinman, 1988／邦訳, 1996）はその著書『病いの語り』の中で、一般に病気（sickness）と呼ばれる現象を、患者の主観的体験である病い（illness）と、医療者の解釈に基づく医学的な物語である疾患（disease）に分割し、病いの語り（illness narrative）において最も重要なものは、患者と医療者の双方が抱いている説明モデル（explanatory model）であるとしている。そして、患者や家族の説明モデルと医療者のそれは、往々にして相いれない（incommensurable）ものとなる。クラインマンのいう説明モデルは明らかに物語的構造をもつものであり、それは、自身の病いがどのようにして起こり、現在どのような情況にあり、この後どうなっていくのかを示すものである。医療における説明は、適切な物語的機能をもつことが要請されているのである。

　近年医療において必須と考えられているインフォームド・コンセントは、本

邦では「説明と同意」と訳されることが多い。しかしこの訳語は，ICの本来の目指すところから言えば誤解を招きやすい表現である。例えば脳死後の臓器移植というような深刻な文脈において，「説明と同意」という言葉は，「臓器提供等の手順等について十分な説明を行い，臓器提供に同意する旨の書類を作成しサインしてもらう」といった定型的な作業をイメージさせ，それ以外の選択肢を排除してしまう可能性がある。ICとは，その本来の意味からは，医療者からの十分な情報提供を前提にして，医療者と患者・家族が共同して方針を選択・決定していく一連のプロセスである。このような観点から，欧米では近年，むしろ informed choice（情報を提供されたうえでの選択）あるいは shared decision making（共同意思決定）という用語が用いられるようになってきた。

以上のように，医療や心理支援において，「説明」をどう考えるかという問題は，きわめて複雑である。医療者や支援者が一方的に「情報」や「正しい知識」を患者やクライエントに「与える」というような発想のみでは，現場における「説明」は機能しない。説明は，現場における，複雑ではあるが何らかの目的をもったコミュニケーションを構成する重要な一部分であると理解されなければならない。「説明」を有効なものとするためには，医療者や心理支援者はつねに「この具体的な文脈において"機能する説明"とは何か？」という問いを探求し続ける必要がある。

2．なぜ説明が機能しないのか？

現場における「説明」をめぐる難しい問題は，こればかりではない。ここでは，緩和ケアに従事する医師として現場から鋭い発信を続けている岸本の論考（2015, 2018）から引用しつつ論じてみたい。

岸本は著書『緩和ケアという物語——正しい説明という暴力』（2015）において，悪性腫瘍の再発を何度も繰り返しながら，抗がん剤治療と放射線治療によって寛解状態になったにもかかわらず，「緩和ケア病棟に移ったらすぐに逝かせてくれるんでしょう。もう生きていくのに疲れました。緩和で安楽死したい。すぐにでも紹介してもらえませんか」と切迫した様子で外来を訪れた女性患者の例を紹介し，以下のように述べている。

2章 説明者としての責任

　「緩和ケア病棟はそういう所ではないです。緩和ケアというのは…」と説明することは，ある意味，簡単なことかもしれない。しかし，彼女の話を聞きながら，私はそうする気持ちになれなかった。これまでの治療経過を考えると，彼女が死にたくなるほど辛い気持ちもよく伝わってきたし，緩和ケアの一般的な説明をしたとしても空疎に響くだけで，彼女にとって何の意味もないように思われたからである。意味がないだけでなく，もしそのように説明をしたならば，彼女はその後，口を閉ざしてしまうか，表面上は私の話に合わせたとしても，その奥底にある気持ちは語られないままになってしまうのではないか，と感じた（pp.12-13）。

　岸本は，すぐに結論を出すことを差し控え，患者の話を聴き続けるために次回の予約をした。その後週に1～2回のペースで話を聴かせてもらうなかで，紆余曲折はあったが，話題は緩和の話からいつしか食べることへと移り，主治医と精神科医の治療も功を奏し，なんとかやっていけるような状態になり，患者は退院した。

　このような診療態度は，標準的な医療の枠組みから見ると，異質のようにも見える。緩和ケア病棟は，終末期にさしかかったがん患者に対して，病気に伴う種々の症状を緩和するための医療が行われるところであって，安楽死させてくれるところではない。この認識に基づけば，緩和ケア病棟について正しい説明をして正しく理解してもらうようにすべきであるというのが常識的な考え方であろう。しかし，岸本はこのような一般的な考え方はもちろん百も承知のうえで，以下のような疑問を投げかける。

　緩和ケアの定義に則って正しい説明をし，正しい理解を促そうとすることに問題はないのだろうか……このような「正しい説明」には，破壊的な力が潜んでおり，ジュディス・バトラーの強い表現を借りれば，倫理的な「暴力」となる危険があるからである。バトラーはアドルノに拠りつつ，倫理的暴力について，次のように述べている。曰く，「普遍的なもの」が個人と一致しそこねて，あるいは個人を包含しそこねて，普遍性への要求そのものが個人の権利を無視してしまう，という状況では，普遍的なもの

は暴力的なものとして現れる，と（p.14）。

岸本はさらに，著書『迷走する緩和ケア——エビデンスに潜む罠』（2018）において，説明がもたらしうるノーシーボ効果（薬物動態に直接起因するのではないネガティブな効果）について，以下のような経験を報告している。

> 内科の外来で風邪薬としてコデインを処方するときには吐き気を訴える患者はほとんどいないのに，弱オピオイドとしてコデインを（緩和ケアの目的で）処方すると，吐き気を訴える患者が続いた。コデインの量そのものは風邪薬として処方するときとさほど変わらないので，他に要因があるのではと思って検討したところ，（緩和）チームに依頼があった患者にコデインを導入する際，弱オピオイドの副作用の説明も行うようにしていたが，吐き気を訴える患者は，不安が高かったり，オピオイドを使うことに乗り気ではなかったりすることが多かった。これらの副作用はノーシーボ効果によると考え，薬剤師とも話し合い，副作用についての説明を一律に行うのではなく，患者の様子に合わせて柔軟に行うようにした。これによりコデインによる嘔気の訴えはほとんど聞かれなくなった（p.5）。

このように，緩和医療という「患者の苦しみをできる限り取り除き，患者が安心した状態でその生を全うできる」ことを目指すケアの現場において，文脈を無視した「正しい説明」を機械的に行うことは，患者に安心を与えるどころか，時として破壊的な影響を与えかねないということを岸本は強調している。もちろんだからといって，患者には何も説明しないのがよいとか，都合の悪いことは隠せばよい，ということではもちろんない。前項でも触れたように「説明」は，あくまで，患者・クライエントにとって有益な目標設定と個々の文脈に適合する形で，柔軟かつ精緻に実行される必要がある。

3．説明の対話的構造と機能

説明とは，医療あるいは心理支援における一つの相互交流のプロセスと考え

ることが妥当であり，その適切な実行のためには基本的な面接に用いられるコミュニケーションの枠組みが必要である。特に医療者や心理支援者と患者・クライエント・家族の間での有効な対話による信頼関係の構築は，機能的な説明が成立するための必須の前提となるものである。本節では，医学教育において学生，研修医向けに行われている医療コミュニケーションの標準的な教科書（斎藤, 2000）に準拠しつつ，説明を含むコミュニケーションのプロセスに必要とされる基本的なスキルの概念について整理したい。

なお，本節では医療者と患者・家族間のコミュニケーションを例にとってスキルを解説していくが，心理的支援の現場においては，適宜カウンセラー，セラピスト，コーディネーター，クライエント等の用語を代入して理解していただきたい。

[1] 面接の基本構造

効果的な面接の基本構造はどのような場面においても共通であり，面接の言語的な内容（content）を意味づける基盤となる文脈（context）の構築が最も重要である。面接における文脈は主として非言語的なメッセージの遣り取りによって形成される。そのために必要な基本的態度は「かかわり行動」と呼ばれる。ICなどの，説明と情報提供が重視される面接の場合，どうしても説明の内容にばかり注意が行きやすい。しかし面接の基本構造の中では，その前に患者や家族の話を引き出し，傾聴し，感情を受けとめるという，「基本的傾聴の連鎖」の技法が実行されることが必要である。これらが適切に実行されることによって，良好な関係が促進され，医療者に対する信頼関係が育つ。このような，受容的な雰囲気の形成，傾聴的な態度に支えられて初めて，情報提供や説明などの言語的な遣り取り（積極技法）が有効な意味をもつことになる。

[2] 第一層の技法：かかわり行動

「かかわり行動」とは，医療者と患者・家族間のコミュニケーションを確立し，有効な面接を行うための基本となる態度，行動である。その多くは言葉によらない情報（非言語的メッセージ）として，医療者と患者・家族の間に取り交わされる。言葉を換えれば，患者・家族が「受容されている」「尊重されて

いる」と感じてもらうための医療者の行動である。具体的には，面接の場所，時間の設定（静かで話しやすい面接室を用意する，ゆっくりと話のできる時間帯を選ぶなど），医療者の服装や身だしなみ，姿勢，位置，視線，身体言語（身振り，手振りなど），言葉遣いや声の調子などが重要な項目となる。

[3] 第二層の技法：基本的傾聴の連鎖

「基本的傾聴の連鎖」のプロセスは，「導入」「質問」「傾聴」「支持と共感の表現」「要約と確認」といった，一連の言語的スキルによって構成される。これらのスキルは，「情報を聴取しながら，患者・家族の感情を受けとめ，良好な関係を進展させる」という機能を発揮する。このプロセスにおける技法は，元来ロジャーズ（C. R. Rogers）などのカウンセリング技法からその多くを借りてきている。心理専門職はすでにこのプロセスについては十分な訓練を受けていることが期待されるが，このプロセスが医療において重要視されているということ自体を心理専門職は必ずしも理解していない。医療現場での面接は，時間が十分に確保されている心理療法的な構造がなければできないというものではなく，時と場合に応じてその構造や時間は柔軟に決定される。心理専門職はこのような柔軟性に対応できる能力をもつ必要がある。

[4] 第三層の技法：積極技法

医療現場においては，患者に対する説明，教育，動機づけなど，医療者の積極的な働きかけが必要となる。第三層のスキルである積極技法は，医療者の考え，意見などのメッセージを患者・家族に伝えていくことを目的とする技法である。また，これらの技法は，患者や家族と医療者が，共同して何かを決断していくプロセスを援助するために必須である。しかし，積極技法は，あくまでも受容する態度，傾聴する技法の基盤があって初めて有効性を発揮する。積極技法は医療者からのメッセージを一方的に伝えるための技法ではなく，患者との対話を引き出すための技法であると考えるべきである。積極技法には非常にたくさんのものが含まれるが，ここでは特に，（狭義の）説明，情報提供，論理的帰結，自己開示のスキルについて説明する。

2章 説明者としての責任

1）（狭義の）説明　説明は非常に広範な内容を含む技法であるが，狭義の説明とは，相手がまだ知らないこと，理解していないことを，理解してもらうための技法であると簡略に定義できる。定型化すれば「○○というのは△△ということです」という表現法になる。○○よりも△△の方が，患者・家族にとってよりわかりやすく，親しみやすい表現でなければならない。専門用語はできるだけ使用せず，相手が理解できているかどうかを丁寧に確認しながら話を進めていく。図示したり，資料を見せたりということも有効である。あくまでも説明を受ける側のペースに合わせて面接を進めていかなければならない。説明は，医療者から患者・家族への一方的な情報の伝達ではなく，双方向的な対話の形をとることが望ましい。患者・家族からの質問やコメントに対しては，傾聴の技法を用いて，十分に感情を受けとめるように努力する。

2）情報提供　患者・家族が病気に対する理解や，これから選択しようとする行為への理解を深め，それを踏まえて何らかの決断をするために必要な情報を提供することである。定式化すれば，「○○によればこうなっています」ということになる。この場合，できるだけ情報の根拠を明らかにすることが公正な態度である。近年医療にとって重要であるとされているエビデンス（臨床疫学的根拠）を患者に伝える時も，この情報提供の技法を用いることになる。

3）論理的帰結　ICの際によく用いられる技法として「論理的帰結」がある。これは，「○○のようにすればこうなり，△△のようにすればああなるでしょう」という言い方で，治療方針などに複数の選択肢がある時，患者・家族と相談しながら方針を決定していく時によく用いられる。できる限り具体的に情報を提示し，患者・家族が自己決定することを助けることがこの技法の目的である。しかし，決定を患者・家族にまかせてしまうということではなく，医療者も一緒に考えていくという態度を示すことが重要である。

またこの技法は，物語論的に言えば，「仮定法化」という手法を用いているということになる。「もし○○という選択をすれば……」という語りは，近未来についての仮定的な語りであり，そのような語りは未来における具体的なイメージを面接の場に喚起する。医療者と患者・家族は，そのようにして浮かび

3. 説明の対話的構造と機能

上がるイメージを共有し，比較検討することによって，主体的な選択へと導かれることになる。

4) 自己開示　医療者が感じていることを，考えていることを，患者（家族）に伝えることである。医療面接，特にICは，最終的には何らかの判断や選択を必要とするプロセスである。患者，家族の意向を第一義的に尊重することはもちろんであるが，面接者が中立性にこだわりすぎると選択の責任は患者・家族だけに預けられるということになり，「共有された選択」ではなくなってしまう。実際に面接場面において，患者・家族から「先生はどう思いますか？」「あなたならどうしますか？」と，面接者自身のコミットメントを求められることはしばしばある。時と場合に応じてではあるが，面接者が自己開示することをためらう必要はない。重要なポイントは，「私はこう思います」「私はこうした方がよいと感じます」と，あくまでも「私」という主語を，明確に使うことである。これを「私メッセージ」と呼ぶ。私メッセージの背景には，「私が自分自身を表現しているのと同様に，あなたにはあなた自身が感じていることを表現する権利があります」という，相手を尊重するメッセージがある。自己開示は相手に与えるインパクトが大きい技法であるが，上記の態度が貫かれている限り，相手を傷つけることは少ない。

5) 協力関係の強化と継続する関係への責任　臓器斡旋のICに代表されるような深刻な面接において，患者・家族が必然的に抱く不安に対して，最も援助的な対応は，「どちらを選択しても，責任をもって最後までかかわって行きます」という，「協力関係の保証と強化」のメッセージである。もちろん，このような，関係は，単なる言語的なメッセージだけによって形成されるのではなく，面接全体を通じての細やかな配慮によって醸し出される雰囲気により実感されるものである。特に面接の終結時には，関係性を強化する暖かいメッセージを添えることを忘れないようにしたい。

公認心理師への提言

説明は医療・心理支援の現場において行われる，重要なコミュニケーション

プロセスの一部分である。そのプロセスは，医療者・心理支援者と，患者・家族・クライエントの間で取り交わされる一種の面接であり，そのプロセスは，信頼関係の構築，情報の提供と共有，共同意思決定，持続的な信頼関係の維持といった要素を含むものである。信頼関係の構築という文脈から切り離された「正しい説明」は，時として説明の受け取り手に対して「倫理的暴力」として働いてしまう可能性がある。個別の状況，個別の受け取り手に対して適切な説明を行うためには，基本的なコミュニケーション・スキルの理解と，実践のための継続的なトレーニングが公認心理師には求められる。しかしなによりも，現場における利用者に対する真摯で精緻な配慮・注目，利用者が現にそこで生きているところの経験的世界の把握があって初めて，説明者は有効な説明を利用者に対して行うことができる。説明者の責任とは，同時に関係構築とその継続への責任でもあることを忘れてはならないだろう。

読書案内

斎藤 清二（2018）．総合臨床心理学原論――サイエンスとアートの融合のために　北大路書房（推薦理由：臨床とは何かという根本問題が総合的に論じられており，全体の枠組みの中での「説明」の意味づけをつかむことに役立つ。）

岸本 寛史（2015）．緩和ケアという物語――正しい説明という暴力　創元社（推薦理由：臨床現場における「説明」の負の側面を正面から取り上げたインパクトのある書籍。）

文　献

斎藤 清二（2018）．総合臨床心理学原論――サイエンスとアートの融合のために（pp.1-20）　北大路書房

斎藤 清二（2000）．はじめての医療面接――コミュニケーション技法とその学び方　医学書院

岸本 寛史（2015）．緩和ケアという物語――正しい説明という暴力　創元社

岸本 寛史（2018）．迷走する緩和ケア――エビデンスに潜む罠　誠信書房

Kleinman. A.（1998）. *The illness narratives: Suffering, healing, and the human condition*. New York, NY: Basic Books.（クラインマン, A.（著）江口 重幸他（訳）（1996）．病いの語り――慢性の病いをめぐる臨床人類学　誠信書房

3章
利用者への説明過程

比留間太白：関西大学

　利用者への説明過程は利用者個人に注目するだけでなく，利用者が参加している活動と，その活動を具体化している諸行為を視野に入れて捉えるべきである。活動，行為，そして利用者個人の状態と特性は，個人−文化という空間スケールと秒−年という時間スケールの2次元からなる説明過程の時空間を構成する。利用者の理解不振の解決を支援する説明を行うためには，説明者はこの説明過程の時空間に利用者の困難性に関わる諸要因を位置づけた利用者モデルを想像し，そのうえで，言語の時空間を調整した説明を具現化する力が必要となる。この力は公認心理師個人ではなく，活動とそこで使用される言語を意識化するための道具を使いこなせる専門家との協働を通して発揮していく必要がある。

1．説明過程の時空間

　説明過程を含む談話過程（discoursing）は人間の活動（activity）を媒介する人工物（artifact）である。また，歴史上のある時点のある文化における人間の実存に関係する動機を有する活動を具体化する行為（action）を実現するための手段としての操作（operation）に位置づけられる（Wells, 2007）。
　例えば，ある文化・歴史的時点における"教育"活動は文化的再生産という動機のもとに，学問的知識や技能の伝達という目的を達成するためにさまざまな教授学習行為を組織しており，各教授学習行為は話し言葉や書き言葉を用いた教授学習談話過程という操作を通して実現される（Wells, 1999）。教授学習談話過程には，教科書や教師を通した学問的知識の説明過程や児童・生徒・学生による教授学習行為の中で獲得した知識の説明過程などが含まれる。

3章　利用者への説明過程

　活動を具体化する諸行為は目的を達成するために意識的に行われるが，行為を実現する操作は意識されない（Леонтьев, 1975／邦訳, 1980）。通常，私たちは説明が要求される出来事に注目したとしても，説明がどのようになされるかということ，つまり説明の産出・理解という説明過程を意識することはない。利用者への説明過程を取り上げる本章では，説明者がこの意識されない過程の広さを意識すること，さらに，意識化を通して説明過程において説明の時空間を調整することが必要であると主張する。本節では，操作としての説明過程を意識化するための道具として，説明過程に影響する諸要因を時空間スケール上に位置づける枠組みを提案する。

　説明過程の意識化には，まず，その境界を見定める必要がある。談話過程は場面に対応しており，その場面により具現化（realization）する意味と語彙文法，音声化・書記化が異なる（Halliday & Matthessen, 2014）。ハリデーとマティスン（Halliday & Matthessen, 2014）は談話が具現化する場面（context of situation）を大きく，解説場面（expounding），探求場面（exploring），推奨場面（recommending），実現場面（enabling），行動場面（doing），共有場面（sharing），再現場面（recreating），報告場面（reporting）の8種類に分類しており，説明場面（explaining）を解説場面の下位分類に含めている。

　ひとつの場面がひとつの行為に対応しているのではなく，行為による目的の達成には複数の場面が連続的，あるいは，入れ子状に組み合わせられている。

　例えば，学校教育における教育談話（pedagogic discourse）は，調整談話（regulative discourse）に授業・学習談話（instructional discourse）を埋め込んだ形式をとる（Bernstein, 2000）。調整談話は振る舞い方の指示や統制を行う実現場面で具現化し，授業・学習談話は現象や出来事の流れについて報告する報告場面や知識を説明したり，現象を分類したりする解説場面において具現化する。学校教育における教授学習は実現場面と報告場面や解説場面が入れ子状になって展開する。一方，家庭においては，子どもが空想したお話をする再現場面の中に，母親がお話の中に出てくるものごとに関連する知識を伝達する解説場面が埋め込まれて展開したりする（Cloran, 1999）。

　説明過程の境界は，説明場面に限定するならば，説明者と利用者との間において，問題の発生とその認識，問題解決のための説明，そして，説明により問

1. 説明過程の時空間

空間スケール							
文化							活動言語
社会							言語コード
集団			授業				
二者		対象指示課題	会話説明	面接		ケース	
個人		発話	状態				特性
	秒	分	時間	日	週	月	年
			時間スケール				

図3-1　説明過程の時空間

題が解決したかどうかの評価というフェーズの起点の問題と終点の評価になる（比留間，2002）。しかし，説明場面はある行為を実現する他の場面と組み合わされており，何よりも，行為の目的を達成する文脈で現れることを考慮するなら，少なくとも問題の発生に関係する行為やその行為の諸行為中の位置づけに，さらには，行為の実現のために文化・歴史的に形成されてきたさまざまな道具や言語といった媒介人工物の利用可能性や諸行為に関わっている人々にまで，説明過程の境界を広げて考える必要がある。

　説明過程には，利用者と説明者それぞれの知識や感情の状態，個人的特性といった個人の水準から，両者の関係，両者が参加している諸行為，そして諸行為を編成する制度や文化が関わっている。これら総体が関係する空間を"説明過程の時空間"と呼ぶことにする（図3-1）。

　説明過程の時空間は説明過程に関わる人の範囲という観点からの空間スケールと関係する諸要因が持続する時間の長さという観点からの時間スケールから構成される[1]。

　例えば，発話はある心理特性を有し，ある心理状態にある個人が数秒間とい

---

[1] 空間スケールと時間スケールというアイディアは，Lemke（2000）の時間スケールの議論に基づく。

う時間で行うものである。会話は，ある心理特性を有し，ある心理状態にある，少なくとも二者間で数分間にわたって展開する。授業は教師と児童・生徒からなる学級において，学級文化や学校文化，教育制度を背景として数十分間にわたって展開する。臨床面接のセッションは，ある臨床的立場の臨床家とある心理的困難を抱えたクライアンとの間で1時間程続けられ，あるケースは数ヵ月に渡る（加藤, 2009）。活動はある文化に所属する人々が諸行為を編成する歴史的に形成されてきた可能性の総体であり，言語もある社会・文化において，その文化の中で諸行為を実現するために歴史的に形成されてきた意味することの可能性の総体である。

説明過程は行為の一局面であり，説明者と利用者によって実現するが，説明過程に影響する諸要因は個人・社会・文化，そして歴史的に重層化した時空間に展開していると考える必要がある。

2. 利用者モデルの想像

説明過程の時空間に展開する諸要因は，適切に説明に具現化されなければならない。説明者はこれを利用者の想像を通じて行う。本節ではこれを利用者モデルの想像として議論する。

説明過程の中心は利用者と説明者による理解不振の把握である（山本, 2017a）。理解不振という問題によって説明すべき対象が決まり，説明者は利用者に応じた説明を構成する。説明を受けた利用者は説明による理解不振の解消状況の評価を説明者にフィードバックする。理解不振が解消されたと判断されれば，説明は終了し，解消されていないと判断されれば，再度説明が試みられる。これら3つのフェーズのいずれにおいても，説明者と利用者は自身の状態把握とともに相互の状態把握が必須となる。

利用者による理解不振の把握は自身の状態把握であるからといってつねに的確であるとは限らない。利用者は「わかったつもり」に陥ることがあり（田島, 2010），理解不振が把握されず，問題が表明されない場合，あるいは評価において理解不振が解消されたと判断され，説明が不適切に終了する場合がある。説明者も利用者同様に「わかったつもり」となっている場合があり，説明を通

2．利用者モデルの想像

して自身の理解不振に気づくことさえある（田島，2010）。「わかったつもり」となっている説明者は言葉を連ねることはできるが，説明される内容は不適切であり，利用者の理解不振が解消される可能性は低い。例えば，専門家同士は専門用語を使って相互理解しているが，非専門家に専門用語を使っても理解されず，日常用語に翻訳する過程で専門用語が暗黙裏に含意している意味に気づくことがある。「わかったつもり」は理解の範囲に齟齬がある場合に生じると考えることができる。したがって，理解不振の把握には理解不振という現象の範囲とともに，これに関連する理解の範囲も同時に把握することが必要となる。

説明者と利用者の相互状態の把握は説明の具現化において重要となる説明者と利用者の共通基盤の構築に関係する。説明者は利用者との共通基盤に応じて説明を調整する（Clark, 1996）。例えば，利用者が既知であると説明者が把握している内容は省略される。逆に，利用者が既知でないと把握している内容は詳述される。説明者は利用者との共通基盤に基づいて説明を調整する。このようにコミュニケーションにおいて，話し手が聞き手に応じて発話を調整することをオーディエンス・デザインと呼ぶ（Bell, 1984）。

オーディエンス・デザイン研究は話し手と聞き手が共有する物理的視野の全体あるいは一部が制限された状況で，ある対象の選択を話し手が聞き手に指示する対象指示課題というきわめて限定された実験場面での自動的・非意識的な説明の産出を扱っており（例えば，Brennan & Hanna, 2009），説明過程の時空間の一部を検討しているにすぎない。説明過程の時空間はこれよりはるかに広く，説明は意識的に調整される必要がある。そこで，説明において説明過程の時空間の全体を見通しながら，説明者が利用者に合わせて説明を調整することを"利用者デザイン"と呼ぶことにする。

利用者デザインの良し悪しに関わる重要な要因は説明者と利用者との共通基盤であるが，共通基盤の推定には何よりも，説明者による利用者の理解不振（と理解）に関わる状況把握が必須となる。利用者の理解不振という困難性に関わる諸要因は説明過程の時空間に展開している。図3-2は公認心理師が行うべき，利用者の理解不振という問題を引き起こす困難性と理解不振を解消する説明との関係を示したものである。

理解不振には大きく，利用者個人に関わる認知の状態と特性が関係する認知

面，同じく情動の状態と特性が関係する情意面，社会的関係の状態と社会的関係の構築に関わる特性に関係する社会面という困難性に分けることができるが（山本，2017b），これらの困難性に関わる諸要因は空間スケール上の個人と時間スケール上の異なる地点の交点に位置づけられる。

困難性は説明過程の時空間の下層の利用者個人の状態と特性，さらには説明者を含んだ二者間の状態と特性に起因するものだけではない。例えば，クロラン（Cloran, 1999）は，母子の食事中の会話において，食事に集中するよう子どもの振る舞いを統制する実現場面を具現化する会話を中心とし，子どもがごっこ遊びをする再現場面を具現化する会話は制約されるような家庭と，子どもがごっこ遊びをする再現場面を具現化する会話に母親も参加し，さらに，そこにさまざまな知識の伝達を加える解説場面を具現化する説明を埋め込む家庭があり，それぞれが社会経済的背景を異にすることを明らかにしている。これは社会階級を再生産する言語コード（Bernstein, 2000）の違いを反映しているものと考えられている（Cloran, 1999）。言語コードは当該社会に所属する人々に伝達されるものであるから，時空間スケールの社会・年を超えた位置づけになる。説明者が言語コードの伝達に介入しないのであれば，前者の家庭の子どもに対して説明を行う場合と後者の子どもに対して行う場合では，それぞれに適切な場面の設定をしなければ，そこで行われる説明は新たな困難性を生み出すことになる。

利用者デザインを最適とするためには，説明過程の時空間の中に位置づけられる利用者の困難性の諸要因の全体的把握という利用者モデルの想像が必要となる。

3．利用者モデルから一人ひとりの利用者へ向けた説明の編成

説明者は利用者モデルの想像に基づき説明を構想する。本節では，公認心理師の説明モデル（図3-2）の中で，利用者モデルから説明内容への調整に関わる問題を取り上げる。

説明者は困難性に関わる諸要因の時空間スケール上の位置把握を通して，説明の場としての状況，内容としての意味，内容を表現する方法としての語彙と

3．利用者モデルから一人ひとりの利用者へ向けた説明の編成

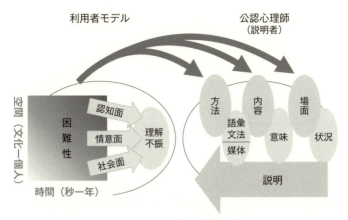

図3-2　公認心理師の説明モデル

文法，そして表現媒体を調整する。状況，意味，語彙・文法の層化（stratification）は各層間で選択可能性があること，例えば，同じ説明場面においても異なる意味が具現される選択可能性があることを含意している。各層の中でも意味は説明場面という状況と意味を具現する語彙・文法とをつなげる中間層であり（Halliday & Matthessen, 2014），目的の実現のために手仕事などの諸操作が含まれる行為と説明過程とが接する重要な調整ポイントである。

説明過程の時空間は，秒・個人から年・文化へという広がりをもつ。年・文化の水準は，秒・個人を超えて共通する性質や特性という点で抽象的である。一方，秒・個人は，今・ここの特定の利用者の状態という点で具体的である。したがって，困難性の諸要因の説明過程の時空間への位置づけから想像される利用者モデルには，具体と抽象が混在している。さらに，時空間への諸要因の配置自体が俯瞰的であり，これを通して想像される利用者モデルも抽象的な他者像となる。一方で，説明は今・ここに存在する利用者に対してなされるものであり，利用者は具体的な他者である。説明において，これらの抽象と具体の調整が必要となる。

図3-1に示した説明過程の時空間は時間と空間が直交しているが，心理的直交性は含意されていない。解釈レベル理論（Construct Level Theory; Liberman & Trope, 2008）によれば，心的表象は現在・過去・未来という時間次元，近接－遠方という空間次元，親密－疎遠という社会的距離次元，現実

−空想という仮想性次元の4つの次元をもち，各次元は心的表象の抽象性として相互に関係し，この抽象度が私たちの知覚や思考，意思決定などに影響するという。心理的には時間と空間は直交していない。時間的な抽象性は空間的にも抽象化されて捉えられることになり，例えば，個人的な特性を集団的な特性として捉えることにつながる。

さらに，解釈レベル理論に基づくコミュニケーション研究によると，不特定多数の聞き手を相手にする場合のように，聞き手との社会的距離が遠くに見積もられて聞き手が抽象的に表象されると，話し手の記述も抽象的になるという（Joshi & Wakslak, 2014）。したがって，説明者が説明過程の時空間の年・文化の水準に焦点をおいた場合は説明が抽象的となり，秒・個人に焦点をおいた場合は具体的となる傾向をもつことが考えられる。さらに，抽象的な利用者モデルに基づく説明は，全体として抽象的となる傾向があることになる。説明者はこのような性質に注意して，説明を調整する必要がある。

説明の抽象と具体は，1つの発話や文の中で同時に実現するのは難しい。一連のテクストの中で抽象から具体へ，具体から抽象へ，あるいは両者が交互に現れるような構成とする必要がある。いずれの場合も調整では，個々の発話や文の抽象度が把握されなければならない。言語においては，文の伝達時点を原点とした時空間が意味に埋め込まれており（Cloran, 1999），この言語の時空間が抽象性に関係している。

文の意味に表現されている時空間は修辞機能と呼ばれ，テクストは修辞ユニットという，ひとまとまりの修辞機能の組み合わせから構成されている（Cloran, 1999）。日本語の場合，文の主語が空間を述部のテンスや副詞句が時間を表し，その組み合わせによって，文生産状況である話し手と聞き手が立ち会う今・ここに最も近い"行動"から"実況"，"自己記述"，"観測"，"報告"，"状況内回想"，"回想"，"計画"，"予想"，"説明"，"推測"，そして，最も遠い"一般化"という修辞機能が特定される（佐野・小磯，2011）。今・ここに最も近い修辞機能である"行動"は，モノやサービスの交換を表現しており，命令文によって具現化される。一方，今・ここから遠い修辞機能である"一般化"は，カテゴリカルな概念を主語とし，習慣・恒久的な現在を表すテンスが使われた平述文によって具現化される。"一般化"という修辞機能は，例えば，「説明は

問題・説明・評価から構成されている」という抽象的な知識を表現する文で使用される。解釈レベル理論と同様に，今・ここという原点からの時空間の距離が遠くなるほど，修辞機能の抽象性は高くなる[2]。

利用者モデルを通した説明の具現化における抽象と具体の調整は，説明を構成する文の修辞機能の調整を通して可能となる。利用者モデル内の時空間の抽象度とモデル自体に由来する抽象度を，具現化される説明の修辞機能を意識的に調整することをとおして再編成することが，具体的な一人ひとりの利用者に向けた説明においては重要となる。

公認心理師への提言

説明者である公認心理師は人間の心理の性質という心理学の知識を背景に利用者に向き合う。利用者はある心理的特性をもち，かつ，ある心理的状態にある。公認心理師は利用者の心理的特性と状態の把握に責任をもつが，利用者への説明過程は利用者と説明者の心理的過程であると同時に社会・文化的過程でもあり，説明を行うには，利用者が関わる社会・文化的過程に関係する特性と状態の把握にも責任が発生する。

公認心理師は説明にあたって，心理学の専門的知識を有するだけでは，その責任を果たすことが難しい。利用者モデルの想像には利用者が所属している社会・文化的活動の性質と状態に関する専門的知識が必要となり，加えて，説明を調整するために，説明を具現化する言語の性質と状態について把握するための専門的知識も必要となるからである。

心理学の知見は膨大であり，日々更新されている。この知見の習得に加えて，他の領域の専門的知識を習得することは公認心理師個人の物理的時空間を超えている。したがって，利用者に対する十全な説明を行おうとするなら，公認心理師は，本章で言及した活動理論，社会学，言語学などの他領域の専門的知識を有する専門家と協働するという発想をもつ必要がある。

読書案内

Engeström, Y. (2016). *Studies in expansive learning: Learning what is not yet there*. New York, NY: Cambridge University Press.（エンゲストローム, Y.（著）山住 勝広（監訳）(2018). 拡張的学習の挑戦と可能性――いまだここにないものを学ぶ　新曜社）（推薦理由：多様な

---

[2] 修辞ユニット分析では文生産・伝達時の話し手と聞き手が存在する文脈からの距離として，脱文脈化という概念を用いているが，本章ではこれを抽象化として捉え直している。

組織における人々の行為を活動という観点から分析・介入した活動理論の最新の研究例が挙げられている。具体的な研究例から活動理論について知ることができる。）

加藤 澄（2016）．サイコセラピー臨床言語論――言語研究の方法論と臨床家の言語トレーニングのために　明石書店　（推薦理由：サイコセラピーで使用される言葉を，本章で触れた修辞ユニット分析と同じ言語理論に基づく観点から分析している。言語理論の概要を臨床場面の事例を通して学ぶことができる。）

文　献

Bell, A. (1984). Language style as audience design. *Language in Society, 13*, 145-204.

Bernstein, B. (2000). *Pedagogy, symbolic control and identity: Theory, research, critique* (Revised ed.). Lanham, MD: Rowman & Littlefield Publishers.

Brennan, S. E., & Hanna, J. E. (2009). Partner-specific adaptation in dialog. *Topics in Cognitive Science, 1*, 274-291. 〈http://doi.org/10.1111/j.1756-8765.2009.01019.x〉

Clark, H. H. (1996). *Using language*. Cambridge, UK; New York, NY: Cambridge University Press.

Cloran, C. (1999). Contexts for learning. In F. Christie (Ed.), *Pedagogy and the shaping of consciousness: Linguistic and social processes* (pp.31-65). London and New York: Continuum.

Halliday, M. A. K., & Matthessen, C. M. I. M. (2014). Halliday's introduction to functional grammar (4th ed.). London: Routledge.

比留間 太白（2002）．よい説明とは何か――認知主義の説明研究から社会的構成主義を経て　関西大学出版部

Joshi, P. D., & Wakslak, C. J. (2014). Communicating with the crowd: Speakers use abstract messages when addressing larger audiences. *Journal of Experimental Psychology: General, 143*, 351-362.

加藤 澄（2009）．サイコセラピー面接テクスト分析――サリヴァンの面接トランスクリプトに基づいて　ひつじ書房

Lemke, J. L. (2000). Across the scales of time: Artifacts, activities, and meanings in ecosocial systems. *Mind, Culture, and Activity, 7*, 273-290.

Леонтьев, А. Н. (1975). Деятельность. Сознание. Личность. М., Политиздат.（レオンチェフ，A. N.（著）西村 学・黒田 直美（訳）（1980）．活動と意識と人格　明治図書出版）

Liberman, N., & Trope, Y. (2008). The psychology of transcending the here and now. *Science, 322*, 1201-1205.

佐野 大樹・小磯 花絵（2011）．現代日本語書き言葉における修辞ユニット分析の適用性の検証．機能言語学研究, 6, 59-81.

田島 充士（2010）．「分かったつもり」のしくみを探る――バフチンおよびヴィゴツキー理論の観点から　ナカニシヤ出版

Wells, G. (1999). *Dialogic inquiry: Towards a sociocultural practice and theory of education*. Cambridge, UK; New York, NY: Cambridge University Press.

Wells, G. (2007). The mediating role of discoursing in activity. *Mind, Culture, and Activity, 14*, 160-177. 〈http://doi.org/10.1080/10749030701815300〉

山本 博樹（2017a）．説明実践を支える教授・学習研究の動向　教育心理学年報, 56, 46-62. 〈http://doi.org/10.1016/S0378-5122（03）00216-0〉

山本 博樹（2017b）．公認心理師が遂げるべき説明とは？――利用者の困難性に応える支援的な説明のあり方　日本心理学会第81回大会　自主シンポジウム

4章
多様な利用者への説明原則

柘植雅義：筑波大学

　心理学的支援を求める者（利用者）は多様である。近年，この傾向は日本で特に高くなってきた。したがって，利用者への説明では，一様（一律）ではなく，一人一人の多様なニーズに応じた説明が必要である，という認識が重要である。つまり，説明に関する基本的なスタンダードを踏まえつつも，一人一人へのカスタマイズ（味付け）が必要である。そうでないと，丁寧に説明したつもりが，実は真意や内容が伝わっていない，誤ったものが伝わってしまった，誤解や偏見の状況に陥ってしまった，ということになるかもしれない。そこで本章では，近年の利用者の多様性について述べた後，近年その理解や対応に関心が高まっている障害のある人に焦点を当て，障害のある子どもや大人への説明原則，そして，障害のある子どもや大人への説明の具体的配慮について述べる。障害のある人への説明原則や説明の具体的配慮は，実は他のニーズのある人へも説明にも参考になるだろう。

1. 利用者の多様性

［1］ダイバシティーの時代の要請
　利用者は多様だ（一様ではない）という認識が欠かせない時代になってきた。キーワードは，多様性，つまりダイバシティー（diversity）である。例えば，中央教育審議会が，2018年4月から5年間を対象とした，第3期教育振興基本計画について（答申）を取りまとめた。これによると，多様なニーズに対応した教育機会の提供など，多様性が重要なキーワードとなっていることがわかる。そして，その多様な状態が，近年，障害，年齢，性別や性的志向，国籍，日本語学習の必要の有無，経済的困難を抱える家庭の子ども，病気，などさらに多様化してきている。

[2] 個に応じた説明の必要性（時代背景）

　説明の目的は，その内容を，相手（本人）が理解できることである。そのために，多様化している利用者の一人一人の実態に応じて，説明の仕方を工夫することが必要である。そして，その際の基本は，本人への説明が種々の理由で困難であるとして，だからと言って本人の家族や支援者などにだけ説明をする，というのではなく，やはりまずは本人に説明する，ということを目指すべきである。その背景には，本人中心主義（person centered）という近年の世界的な潮流がある。

[3] 障害者を取り巻く現代の状況

　特に，近年，障害者を取り巻く状況が大きく変化してきていることに注意すべきである。障害のある子どもは，義務教育段階（小学校，中学校）で，10％（つまり10人に1人）と言われており，かなり高頻度の利用者であることがわかる。そして，6～7％（つまり，100人の内6～7人）が，発達障害の可能性があると言われている（文部科学省，2012）。このように，発達障害の出現頻度は，他の障害と比べて格段に高い。しかしながら，身体障害（肢体不自由），視覚障害，聴覚障害であれば，独特の行動様式等から，つまり，外から見てわかりやすいが，発達障害，知的障害，精神障害は，わかりづらい。このことも，他の障害にはない，また別の誤解や偏見を生じやすい。

　2013年成立，2016年4月に施行した障害者差別解消法は，画期的な法律で，障害による差別的取り扱いの禁止と必要な合理的配慮の提供が義務（一部努力義務）とされた。その背景には，国連の「障害者の権利に関する条約」の締結に向けた国内法制度の整備の一環として，すべての国民が，障害の有無によって分け隔てられることなく，相互に人格と個性を尊重し合いながら共生する社会の実現に向け，障害を理由とする差別の解消を推進することを目的として，国連が採択した障害者権利条約への批准に向けて，新たに成立した法律がある。また，近年，発達障害者の理解と支援への関心は特に高く，発達障害者支援法（2004年に成立し，翌2005年に施行）が2016年に改正された。これによると，「発達障害」とは，自閉症，アスペルガー症候群その他の広汎性発達障害，学習障害，注意欠陥多動性障害その他これに類する脳機能の障害であって

その症状が通常低年齢において発現するものとして政令で定めるものをいう，とされ，「発達障害者」とは，発達障害がある者であって発達障害及び社会的障壁により日常生活又は社会生活に制限を受けるものをいい，「発達障害児」とは，発達障害者のうち十八歳未満のものをいう，とされた。そして，「社会的障壁」とは，発達障害がある者にとって日常生活又は社会生活を営む上で障壁となるような社会における事物，制度，慣行，観念その他一切のものをいう，とされた。

2. 障害のある子どもや大人への説明原則

　説明原則について，述べる。

　1) 本人への説明を第一にする　　まずは，本人へ説明を第一にする（本人主体）。説明してもわからないだろうと勝手に察して，始めから本人への説明をせずに，保護者や関係者に説明をするべきではない。そのうえで，やはり難しいということであれば，保護者や関係に説明する。

　2) 家族や支援をする者との連携が重要　　本人の障害の特性や状態を事前に聞き取ったり，わかりやすい説明の仕方の工夫などについて家族や支援者から聞き取ったりすることが重要である。

　3) 障害の種類と程度に応じて説明を工夫する　　種々の障害の種類と程度によって，説明の仕方を工夫していくことが求められる。

　4) 年齢に応じて説明を工夫する　　同じような障害の種類や程度であっても，年齢に応じて，説明の仕方を工夫していくことが求められる。

　5) 説明の仕方を工夫する　　エビデンスを用いて説明する。誘導的にならないようにする。特に，口頭での説明の理解が困難な場合には，一般的に使われる図表やジェスチャー等の他に，障害の状態に応じた種々の工夫の仕方があ

る。なお，障害のある人に必要な説明上の配慮や工夫をすることは，法的には，合理的配慮の提供（障害者差別解消法）ということになることに注意したい。つまり，説明においても，必要な合理的配慮をしないと，法的に問われる可能性がある。

6）**説明を理解しているかどうかの確認が大事**　なお，説明が理解できているかどうかの確認が重要で，うなずいていたりわかったと言っていたりしても，説明を理解しているとは限らないことに注意する。

7）**心理学に係る学術学会等による倫理に関する規定等の活用**　心理学に関連する学会から構成される一般社団法人日本心理学諸学会連合が，HPで構成する各学術団体の関連情報を提供している。倫理規定などのリストも。また，心理学関係の学術学会や，心理学に関わる種々の専門資格が，倫理規定・綱領・基準等を作成し公表している。

3．障害のある子どもや大人への説明の具体的配慮

　ここでは，障害の種類と程度への配慮，年齢への配慮，説明を支援するための配慮（支援ツールの活用），説明の記録・保存への配慮，について述べる。

［1］障害の種類と程度への配慮
　1）**発達障害**　知的障害のない発達障害の場合，説明に対して，内容によっては，本人のかなり深い知識などにより，関連する難解な用語や専門的な用語を駆使して質問や意見を言う一方で，説明の内容の理解がそれほどでもなかったり，たとえ話（比喩）が通じにくかったり，説明の全体的な文脈を踏まえず発せられた言葉に対して独特な視点から切り込んで理解をしてしまったり，といったことが考えられる。
　発達障害を構成する障害として，特に，ASD（自閉スペクトラム症）の場合，人間関係やコミュニケーションに困難を示す場合もあることから，初対面として，しかも，1対1の関係で，説明をすることに大きな負担を示すことも

3．障害のある子どもや大人への説明の具体的配慮

あることに注意したい。ADHD（注意欠如多動性障害）の場合，不注意，多動性，衝動性といった特性から，説明への注意集中や，十分吟味をしてからのリアクション，といったことに困難を示す可能性があることに注意して説明を進めたい。LD（学習障害）の場合，他の能力には問題がないにもかかわらず，例えば，聞く，話すのみに著しい困難を示す場合があることから，説明を口頭ではなく（のみではなく）文章を活用することが考えられる。

2）**知的障害**　知的障害の程度が比較的軽度の場合は，おおよその説明は，理解できるであろう。しかし，詳細や，仮定や，条件設定など，複雑な説明は困難が予想されるので，説明の仕方の工夫や，家族などの同席が必要となる。知的障害の程度が重度の場合には，口頭（音声）による説明を理解することは，かなり困難であろう。説明する内容の内，理解しやすいものの一部を，図示や写真，意思表明の機器を活用するなどして，説明することになる。家族や支援をする者の，本人の意思の推察が重要。

3）**精神障害**　その時の体調や気持ちの状態により，説明の内容が，うまく正確に伝わったり，予想以上に伝わらなかったりすることもあるだろう。説明に使う言葉によっては，本人の，過去や現在の特定の出来事（ひどく悲しい出来事や，思い出したくない出来事など）に関連する場合もあり，十分な配慮や事後対応が必要だ。

4）**視覚障害**　基本的には，口頭での説明となることから，説明の仕方について，わかりやすい構成を工夫することが大切である。ポイントを明確にするとか，結論を先に言うとか，説明の構成（全体像）を最初に，簡単に話すとかなどの工夫が考えられる。また，説明のポイントとなることを，あらかじめメモとして作成し，説明時に，点字による資料として活用することも考えられる。

5）**聴覚障害**　口頭での説明時に，手話通訳者を同席してもらうとか，口頭での説明を文章化しておき，それに沿って説明する，ということになる。

また，あまり見慣れないような言葉（専門的な用語など）は，適宜，筆談（ペンとノート）も有効である。

6) **肢体不自由**　最重度の肢体不自由であっても，音声での聞き取りに問題がなければ，基本的には口頭での説明となる。しかし，その内容が伝わっているか，理解されているか，あるいは，何か質問はないかなどという状況に配慮して，種々のスイッチ類の工夫とか，ICT機器，意思の表明を支援する配慮が大切である。

7) **その他の障害**　上記以外にも，吃音や構音障害等から構成される言語障害，交通事故などから生じる可能性もある高次脳機能障害など，さまざまな障害があり，それぞれの特性があることに注意したい。

8) **障害を重複している場合**　知的障害で自閉症とか，発達障害で精神障害とか，というように，複数の障害を合わせ有する場合もあり，その場合は，それぞれの障害に対する配慮を組み合わせるとともに，複数の障害の組み合わせから新たに生じる困難もあることも念頭に置きながら，説明をすることになる。

[2] 年齢への配慮
1) **就学前（保護者，など）**　就学前の子どもの場合は，説明は，基本的には，その保護者に行われるであろう。そのうえで，幼稚園段階など，子どもによっては，また，説明の内容によっては，適宜，本人にも話しかけることも有効であろう。そのような態度は，保護者との信頼関係の構築に寄与したり，本人が第一であるという姿勢を相手に伝えたりすることにもなる。小さな子どもだからどうせ話してもわからないだろう，という気持ちは避けるべきである。

2) **学齢期（保護者，学校の教師，など）**　学齢期の段階では，保護者や教師が同席することが多いだろう。その場合，必要な内容は本人に向かって伝えることになる。そして，必要に応じて，保護者や教師など，同席する大人への

3．障害のある子どもや大人への説明の具体的配慮

説明をする。場合によっては，途中，本人を退出させ，保護者や教師のみに伝えることもあるだろう。障害がある子どもと一律に捉えるのではなく，障害の種類と程度によっては，この年齢の段階であっても，本人に十分伝えられる可能性があることに注意すべきである。

3）青年期・成人（家族，知人，職場の同僚，など）　本人が成人の場合は，基本的には，本人に向かって説明する。しかし，種々の障害により，その説明の理解が困難と思われる場合は，家族や知人，職場の同僚，その他の支援者に同席してもらい，適宜，彼らに説明することになる。

4）高齢者（家族，成年後見人，など）　基本的には，家族や成年後見人（成年後見制度の活用）などが同席しての説明となる。その場合にも，説明する相手は，本人，という姿勢を大切にしたい。場合によっては，本人は一時退出して，家族らに伝えることもあるだろう。

[3] 説明を支援するための配慮（支援ツールの活用）

今や，障害のある子どもや大人への説明を支援するツールは，かなり充実してきた。また，市販されるものも増えてきていて，価格も下がってきている。よく使われるものを紹介する。

筆談：最近，市役所の窓口，ホテルの受付や，駅の案内所などに，メモ用紙とペンが置かれ，気軽に活用できるようになってきた。

手話：聴覚障害のある人の重要なコミュニケーション手段である。手指動作と非手指動作を同時に使う。表現には，地域による方言もあることに注意する。

口話法：話し手の口の動きや表情を読み取る読話などがある。この場合，相手にわかりやすいように口の動きを見せることが大切である。

音声の文字化：音声データのテキスト化（PCによる自動化も）

説明文書：口頭での説明文を，わかりやすく整理して示した文書。

録音機器：後で再度聞き直す，文字化する，点字化するなどの活用が可能。

写真・図：視覚支援は理解を助けることができる。

絵カード：行動のわかりやすい表示や，許可や禁止などの意味の表示も可能。
　手順表・スケジュール表：一連の作業（行動）を，いくつかのステップに分解して，時系列などにして表示したもの。知的障害や発達障害の一部の人に便利である。
　ICT機器：近年の電子機器の開発により，小型化してきている。
　音声ペン：本や紙面のアイコンを特別なペンで押すことで，その事物や行為を音声で解説する。
　PC（パソコン）：記録，保存，文字の拡大，文章の読み上げ，翻訳，翻訳分の音声での読み上げ，映像の字幕付与など，種々の作業が可能である。
　タブレット端末：携帯可能なサイズで，PC以上に手軽に活用できる。
　声読み上げソフト：視覚障害のある人に有効である。
　VOCA（Voice Output Communication Aids）：日本語では音声出力会話補助装置と言われ，ボタンを押すことであらかじめ録音されている音声を出すことができたり（「ちょうだい」「お母さん」），キーボードをタッチすることでその場で自由に文をつくりコミュニケーションを図ることができたりする。
　その他

[4] 説明の記録・保存への配慮

　説明の後は，説明をした側，受けた側の双方で，その内容について確認しておくとよいだろう。場合によっては，口頭での確認だけではなく，説明直後に（説明をして，質疑応答などを終えた後），ポイントをメモに列挙して，双方で持っておくとよいであろう。万が一のトラブル防止のためにもさらには，必要に応じて，種々の支援ツールを活用した記録・保存の工夫も考えられる。電子的な保存は，その後の，文字拡大，フリガナふり，文字と地とのコントラスト，読み上げなど，種々の支援方策の展開が可能になる。

公認心理師への提言

　近年，利用者はますます多様化してきている。利用者の人権配慮もますます重要になってきている。特に，障害のある人への説明には，障害の状態等により，特段の配慮と工夫が求められる。すなわち，現在では，説明における合理

的配慮という視点が大切である。また，特に，発達障害のある人への説明では，対象と考えられる人が他の障害と比べて特段に多いこと，障害と認定されていなくてもその特性を有する場合もあること，カミングアウトしていない場合もあること，さらには，他の障害や疾病を併存していることもあることなど，一層の配慮と工夫が求められる。このような配慮や工夫は，発達障害や，他の障害のある人に限らず，他の多くの利用者の人々への説明時にも，大いに参考になることだろう。

読書案内

日本LD学会（編）（柘植雅義編集代表）（2016）．発達障害事典　丸善出版　（推薦理由：発達障害に係る最新の研究や行政などの同行を踏まえつつ，心理，教育，福祉，医療，労働，生活，司法等，関係する領域を遍くカバーし，すべて中項目で解説している日本初の本格的な事典である。）

文　献

日本LD学会（編）（柘植雅義編集代表）（2016）．発達障害事典　丸善出版
柘植 雅義（2018）．障害者・障害児心理学　野島 一彦（編）公認心理師養成大学・大学院ガイド（こころの科学増刊号）　日本評論社（印刷中）
柘植 雅義・野口 和人・石倉 健二・本田 秀夫（編著）（2018）．障害者・障害児心理学　公認心理師の基礎と実践第13巻　遠見書房（印刷中）
柘植 雅義（2017）．障害者差別解消法による「合理的配慮」が特別支援教育にもたらす効果　都市問題（特集：障害者とともにある社会），*108*, 15-19.
柘植 雅義・インクルーシブ教育の未来研究会（編）（2017）．特別支援教育の到達点と可能性——2001～2016：学術研究からの論考——　金剛出版
柘植 雅義（2013）．特別支援教育——多様なニーズへの挑戦——（中公新書）　中央公論新社

5章
面接時の関係性を築く説明実践

森岡正芳：立命館大学

　困難を抱えているクライエントの求めがある。心理支援の場とは，困難の変化解決が生じることが期待され，目標となる場である。クライエントが抱える困難は同時に，伝え難さの困難でもある。しんどさ（困難性）をどう伝えるかを共に探ること自体が支援となる。クライエントは心理支援に何を求めているのか。その求めは，クライエントの生活の中で，どういう意味をもつのかをよく聞き，想像する。心理支援の場ではクライエントとの関係性を基盤にして，アセスメントの結果や見通しを伝え，それをクライエントに修正してもらう自由度を保ちたい。言葉の伝わらなさや，コミュニケーションの遅延を否定的とばかりに捉えない。コミュニケーションの不全は，むしろこの支援の目標，可能性，目安となる。それを通して，クライエント自身が気づかないでいた自己回復へのリソースを掘り起こす。説明の言葉を協働的につくっていく様子について，カウンセリング導入時の面接記録をもとに検討したい。

解るということはそれによって
自分が変わるということでしょう。（阿部謹也）

1．協働的な説明実践としての心理支援

　公認心理師の役割として，心理学が社会の課題と要請に応えるために，心理職全体に求められる専門性，人間性，社会性が問われている。心理専門職が理論や技法を実際の支援に用いるにあたって，その根拠への説明責任が課せられる。説明ができることに自覚的であることが求められる。心理支援を求めている人と良好な人間関係を築くためのコミュニケーションを行うこと。有益なフィードバックを行うことだけでなく，支援を行う関係者の間でもよく情報共

有ができることが「公認心理師カリキュラム等検討会報告書」(厚生労働省, 2017) における「公認心理師に求められる役割, 知識及び技術について」の冒頭に記載されている。このような当然のことが強調されざるをえないこと, それ自体が心理職のもつ説明実践の不足がその背景にあることを物語っている。

山本 (2017) は説明実践 (explanatory practices) を, 理解不振を把握したうえでこれを改善する行為と定義している。種々の実践場面で, 実践者は説明内容と方法を選択するにあたって, 受け手の意識をよく把握し推測することが出発点である。説明においてはわかりやすさが求められる。そして, 実践のプロセスでその都度, 理解の確認を行い, 受け手のみならず, 実践者自らの理解のモニタリングを行う。心理師が, 納得のいく説明 (情報伝達) をどのように行えるか。アセスメントとカウンセリングの初回場面にしぼって検討してみよう。なお本章では説明実践における説明者を面接者, カウンセラーとし, 説明実践の受け手をクライエントとする。

2. 正しい説明という暴力

心理支援の場で「説明ができる」とはどういうことだろうか。心理支援の現場が多様に広がる現在, 説明実践はいかに可能だろうか。カウンセリングや心理アセスメントは複雑なプロセスをたどる。心理師の仕事は科学的根拠に基づいた, 一般的で共有されやすい知識と技術の現場への適用という側面がある。他方で, 現場はつねに, 名前を持った特定の人と人の間で交流し, 刻々と変化する動的な場である。この2つの側面は相反するように見える。心理師は両側面を織り交ぜながら, アセスメントの意味と結果の説明と支援の場面設定, それをどのように今度の治療や対処に用いていくかを説明する。来談にかかわるすべての情報の守秘をどのように配慮しているかなどを, クライエントにわかりやすく伝える。

心理支援の場での説明実践は, 自分, そして家族が何らかの心理的困難を抱えたとき, 納得のいく支援をどのように選択できるのかという自己決定にかかわる課題でもある。説明によって支援にかかわる合意形成が目指されるといっても, 事は簡単ではない。患者家族に, いきなり専門家用語による説明が伝え

られても,理解には届かない。困難を抱えたクライエント家族にとって身に生じた出来事や体験を,はっきりと年代的には説明できないことがしばしばある。ところが支援を振り返り検討する場での報告には,語られたことの順序は作り直され,時計時間の均一な領域の中での出来事として表現される。説明実践がこのような形で行われた場合,受け手の身に生じた体験との乖離が生じる。正しい説明という暴力（岸本,2015）にもなりかねない。正しい説明が倫理的な暴力になることがある。そのようなことが生じてしまうのは,普遍的なものが個人と一致しないこと,そして,普遍性への要求そのものが,個人の権利を無視してしまうという状況からくる（Butler, 2005）。

　普遍的なものを自分のものとして共有するプロセスをどのように形作っていくかが心理支援においてこそ求められる。受け手に説明を行うことは同時に,心理支援者自身が行っていることを説明できるということでもある。まずは病や障害,さまざまな困難を抱え,助けを求めてくる方々がもつ不安を受け取り,できれば安心を与えたい。安心を生むことに即して説明を行いたい。クライエントは何よりも生活者である。生活の文脈に即して説明する。

　心理支援に何を求めているのか,その求めはクライエントの生活の中で,どういう意味をもつのか,どのような困難とその軽減につながりえるのかを,初回面接においてよく聞いていきたい。クライエントが困難の解決に求めているものに見合う支援が,心理師とその環境においてどこまで可能かの判断が問われる。限界があるならば,他機関に紹介できることも,大切な臨床的判断である。

3. 受け手の自己理解に役立つアセスメント

　まず課題になるのは,心理アセスメント（見立て）の場面である。アセスメントの結果や見通しを伝えるときが,心理支援のはじめに欠かせない説明の実践である。心理アセスメントは従来,クライエントを診断的に分類するために,あるいはその処遇や治療の方針を事前に計画するために,情報収集を目的として行われてきた。力関係の優劣が固定したまま,アセスメントの結果のすべてを,クライエントに伝えることはなかった時代があった。それはそう遠い

過去ではない。結果が伝えられたとしても，クライエントは，専門家から一方的にフィードバックを受け取るだけで，関係は固定したままであった。

テスターは，テスト結果の解釈が当たっているかどうかに関心が集約される。その結果をクライエントに伝えるときには，その解釈を受け入れたかどうかの確認が優先される。テストを実施した文脈の影響は考慮に入れない。テスターはあくまで第三者的視点を貫き，クライエントは査定の対象である。

ロジャーズ（Rogers, 1942）はこのような専門家的一方向の態度をテストによる外的な枠組みによる接近とし，「クライエントの内的な枠組み（internal frame of reference）からの認知構造が問題となるときに，テストによる外的な枠組みによる接近法は，無意味であるばかりか，有害とさえなるもの」と主張するに至った。

心理アセスメントをクライエントにとって主体の回復に役立つものにできないだろうか。説明実践の質が問われる場面である。クライエントは，心理テストの場にどのような気持ちを抱いて来るのだろうか。まず不安や恐れをもって検査にやってくる。病院ならば，「主治医が自分のことをおかしいかどうか調べるために検査をすることにしたのではないか」と疑うこともあろう。あるいは家族が自分を疎んでいると思い，その根拠に検査に連れてきたのではと，子どもが疑っている場面など，アセスメントの背景に，このような事態が想定されることは珍しいことではない。

クライエントに役に立つアセスメントの在り方はどのようなものだろうか。検査が行われる個別の文脈に沿って，検査の目的を十分に説明することがまず欠かせない。心理アセスメントは，自己理解を促進し，自分では解決がつかない課題への支援の場であること，そして心理テストは，そのための道具である。このような内容をわかりやすく伝えたい。クライエントが「評価される」という固定した文脈を動かし，そのことへの不安を緩和する。

テストの結果を客観的な事実として一方的に伝えるのではなく，それに基づいてクライエントと話し合う。結果を介して，クライエント本人がどんなことで悩んでいるのか，困っているのか，疑問に感じているのかに耳を傾ける。テスト結果はクライエント自身が修正できるものであり，受け入れることも拒否することもできる1つの見解である。以上のような説明が基本となろう。心理

アセスメントの全体的なプロセスをクライエントと協働で行うという姿勢が求められる。説明者の姿勢と応答によって、クライエントから得られる資料や、引きつづくセラピーへの方向性の説明や協力関係の在り方まで変わってくる。

「○○障害なのかどうか」という定番の分類視点には収まりきらない個人に固有の問いが、どのクライエントにもあるはずで、それに向かう手がかりとして、心理テストがある。

アセスメントの目的がクライエントの関心に沿うものであれば、クライエントにとってアセスメント結果は自分のものとして受け止めやすくなる。結果はクライエントのものであり、アセスメントについて、クライエントが自ら積極的に取り組むものである。この姿勢が形成されるかどうかで、その後の支援のプロセスが異なってくる。できれば、結果をもとに、クライエントの現実生活における具体的な体験に照らし合わせて、思い起こしてもらう。話を交わし合うなかで、テスト結果の数値は本人にとって意味をもち、自己理解につながることが期待できる。

4. 心理支援の場の特徴に応じた説明

心理支援の場、特にカウンセリング面接は会話によって、クライエントの心理的課題を解決に導く援助を行う方法である。困難・問題を抱えているクライエントからは、自らの問題に変化が生じることが期待され、解決が目標となる場である。そのために必要な「保護された自由な空間」の形成と維持にカウンセラーは力を注ぐ。基本的枠組みとして、クライエントがもつかもしれないあらゆる体験や感情や思考や空想に対して、それを自由に感じ、表現できる場を用意することである。感じたことを感じてよい。同時に、感じていないことは感じなくてよい。過去を思い出してもよいし、思い出さなくてもよい。こういう場である。

カウンセリングの日常業務はほとんど悩み事の相談である。学生相談や職場でのメンタルヘルスの相談は生活全般に関わる相談が多い。進路についての悩み、あるいは職場での異動や退職後の将来設計に関する困惑であっても、その人の心の状態とは切り離せないものである。来談の理由は身体に関わる訴えが

5章　面接時の関係性を築く説明実践

中心であっても，相談したいテーマが異なるところにあって，本人も気がついていない葛藤が潜在しているということはよくある。また時間的に隔てた体験であっても，それが現在の心の状態に影響を与えていて，苦悩の源泉になっていることもある。

葛藤処理と解決の作業は心理支援において中心課題の1つである。ここで，場の安全と保護の維持を前提に，心理支援の見通しをどのように伝えるか。初回面接においてカウンセラーが最も留意すべき点である。以下，ある事例の初回での面談の一部をもとに，説明の要点について検討してみよう。

5. 日々の面接記録より

過食嘔吐を繰り返している。それを何とかしたい。このような訴えで20歳代の女性が来談された。以下にその初回の面接記録の一部を呈示する。日常の面接記録はカウンセラーの心覚えのものである。文章に飛躍があり，主語や目的語の省略も散見される。〈　〉内は面接者の発話で，クライエントの発話を聞きつつ感じた面接者の内省やクライエントの様子を（　）に記載している。

　　　高校生の頃から食事ごとに，大量に食べては食後吐くことをくり返す。吐いていることは誰も気づいていない。夫も。過食がきついときは，ちょっと残っていても，水を飲んでとことん吐く。ここでやめておけばという気持ちが起こるけれど，それでは満たされない，その次に手を伸ばしたときはもう冷蔵庫をすべて空けてしまうまで止まらない。
　　（しかし，家族の誰も気づいていないというのはどうも解せない）
　　　ダイエットがきっかけだったけれど，やはり運動がいるんやと思う。小さい頃から体力には自信がなかった。母は「身体を動かさないからや」とうるさくいう。母は私が何をしてもしかりつけ，小言を言う人だった。（表情が変わり）これならば母親には受け取ってもらうと思ってやっても，いつも叱られ，顔を見れば小言いわれた。こんな私もういなくなったらいいんやと家を飛び出したことがある。何度も。結局もどれるところはこの家しかないと涙。
　　　夫にも暴言を吐いてしまう。自分に非があるのはわかっていても，全否定してしまう。（頭を抱えてすごい形相になる。）怒りが抑えられない。どうしたらいいのか。
　　〈強い怒りが出ておさえられない私がいるんですね〉　沈黙

(主訴のことにもどって)〈これまでまったく誰も気づく人がいなかったのですか〉と問うと，高校時代の友人に知られたことがあった。それがわかったのは，みなでフルーツパフェを食べたとき。量が多くて誰も食べ残すのに，私一人ぺろっと食べた，その帰り道に道ばたで吐いた。その後けろっとして歩き出したのをみて，友人はすぐわかったよう。ふつうだとそんなにすぐ動けるはずがないと。私のこと，このようにみてくれたのはこの人ただ一人やった。「やめなさい」と後でいわれる。しかしやめられなかった。
　〈そのときどう思ったの〉(そして今ふりかえってどうなのだろうか)
　私のことこんなに思ってくれる人他にいないなあ。でもやめられなかった。その友だちは今も仲良くつき合っているけど，今病気で，入院している。(後略)
　(前半と比べて後半に見せる幼い頼りないこの人の姿)
　(友だちの重い病気がいま語られるのはどうしてか)

　面接の終わりに，次のような内容のことをクライエントに伝えた。「あなたは過食嘔吐を繰り返すことでずっと苦しんでこられた。仕事や家庭生活でも，うまくいかないことがある。にもかかわらず，何とかやってこられた。ご主人に言えないけれど，ほんとはわかってほしいのかもしれない。吐くとすっきりして気持ちが収まるということですが，それでは体がもたないのは気づいていらっしゃる。ご自分の親との関係に苦しんでこられたことを，今整理しておくことは良い時期かもしれない。仕事と家庭生活で変わり目だと思う。」
　クライエントは，このようなカウンセラーの言葉について，親のことはもうあきらめている。家を出るつもりで仕事に就いたとおっしゃる。主人には負担をかけている感じがあって隠している。本当は気づいているのかもしれないともおっしゃる。
　そのようなやりとりの後，カウンセラーは今後の方針について説明する。「今ぜひ話しておきたいことがあったらそれをまず聞きたいです。そこから始めましょう。そしてこちらに来られた事情についてもう少し詳しくお伺いしたいです。話をしながらこれまでとは違った見方や感じ方を見つけられるかもしれない。それを手がかりにして，良くなる道を見つけていきましょう。」
　面接を終えた後の面接者の振り返りも，以下のようにメモされている。「来談の理由は，過食嘔吐である。それは高校時代から始まっている。ある程度軽減したい。今までにやめようとしなかったのだろうか。何らかの不安緊張への対処として過食嘔吐をくりかえしたと考えられる。それではうまくいっていな

い。別の対処法はなかっただろうか。この人の何とかしたいと叫んでいる心の領域がある。そこに働きかけて、よりよい対処法を探したい。」

　以上の記録の中で、カウンセラーは「説明実践における受け手の意識の推測」（山本, 2017）を、意識しながら遣り取りをしていると見ることができる。カウンセラーは、説明の明確な伝達に配慮することと並行して、保護された安全な場所をつくり維持し、クライエントが自由で安心できる場として受け取れるよう工夫する。

　カウンセリングでは初回の面接で、クライエントの主訴について今後の見通しと方針を伝える必要がある。「まずはご一緒しましょう」では、説明は十分ではない。面接はカウンセラーにとって必ず不確定部分を含む（神田橋, 1997）。はっきりしない点とはっきりしている点、そしてカウンセラーの推測の点を分けて、明確に伝える。その説明について、クライエントと共有できるように伝える努力をする。しかしはじめからうまくいくとは限らない。むしろ説明の言葉を協働的につくっていくことが基本にある。クライエントにできれば修正していただく。言葉のつまずきやコミュニケーションの遅延を否定的とばかりに捉えない。コミュニケーションの不全は、むしろこの支援の目標、可能性、目安ともなる。それを通して、クライエント自身が気づかないでいた自己回復へのリソースを掘り起こすのである。

6. 関係性をつくる説明

　クライエントとの関係性を基盤にして説明を伝えることはいうまでもない。カウンセリングは固有の関係性をもつ。ロジャーズ（1942）は、カウンセリングは、力関係の優劣がはっきりした教師−生徒の関係でもなく、医者−患者関係でもない独自の関係であるとする。クライエントの内的枠組みから見た世界とその構造が課題であり、クライエントの世界に入り並び立って、まずその世界を理解しようと試みる。カウンセリングの関係性とは、内的枠組みに沿った理解、その人の物の見方、感じ方、考え方、価値観を尊重し、関心を維持しながら、クライエントが抱えている困難の軽減と解消に同行していくなかで、は

ぐくまれる関係性である。

　ここで注意しておきたいのは，クライエントが抱える困難は，同時にそれをどう伝えるかの困難でもある。誤解にさいなまれ，辛さが伝わらず，孤絶のなかで死を意識することだってまれではない。むしろそのしんどさ（困難性）をどう伝えるかをともに探ること自体が支援になる。クライエントは心理支援に何を求めているのか。その求めはクライエントの生活のなかで，どういう意味をもつのか，どのような困難につながっているのか。クライエントの生活をよく知り，想像し，伝える。

　心理支援者は，クライエントの問題解決に参加している。援助者がつくる場面設定は特徴的で，日常の生活文脈からいったん離れ，守秘の場をつくる。安全と保護感が十分に実らないままに，専門用語を多用しても伝わらない。その言葉が当事者を受け身的に支配することにもなりがちである。専門家の言葉は重い。できれば，説明することが同時に関係性を形成するように配慮したい。カウンセリングの理論の価値は，現実を映す正確さや，それに働きかける有用さから測られるのではなく，むしろ当事者の間で，理論をどれほど共有できるかにかかってくる（野村, 2012）。

　カウンセリングについて，あらかじめのプランニングを説明することは意味があるが，一方でカウンセリングのプロセスは複雑で多様な要因が絡んでくる。実際にやってみないとわからないことも多い。セッションごとに軌道修正をしているのが実際であろう。言い換えると，クライエントから，カウンセリングの進め方についてたえずフィードバックをもらうことが，プロセスにおいて欠かせない。このような進め方でよいかどうかを臆することなく応答できる関係づくりが求められる。

公認心理師への提言

　クライエントが面接に求めていることを初回においてよく把握すること。心理師があらかじめ用意している「専門家の地図」は必ずしも当てはまらないことがある。心理師の側の姿勢を柔軟に転換することが必要だ。説明者の言葉を受け手であるクライエントがどのように解釈するか。これについても，心理師の手の届く範囲に収まらないことも多々ある。さらに，クライエントにかかわって心理師が把握した理解を説明するときにも，受け手に修正してもらう自

由度が保たれていること，このような関係づくりが欠かせない。

　受け手が抱えている困難，症状，障害に焦点を当てるときと，受け手である相手自身に「思い」を向けるときとでは，説明者の姿勢が異なる。両者を行ったり来たり，説明者のモードがシフトするのが自然な態度である。受け手を隣人として大切に接しようと思う。すると，その人の生きている風景が近づいてくる。専門職としての自分と，隣人としての自分，このシフトを心理支援者は何らかの形で工夫しながら進めていく。説明の言葉を協働的につくっていく工夫である。説明実践によって関係の可能性を開きたい。

読書案内

土居 健郎（1992）．方法としての面接（新訂版）　医学書院　（推薦理由：何度読んでも発見がある。臨床面接の専門性とは何か。それは聞くことの専門性である。面接においては「非言語コミュニケーションの方が主で，言語的コミュニケーションは従である」とまで言い切っている。説明実践を支える非言語次元について考えさせられる。）

文　献

阿部 謹也（1988）．自分のなかに歴史をよむ　筑摩書房
Butler, J. (2005). Giving an account of oneself. New York, NY: Fordham University Press.（バトラー, J.（著）佐藤 嘉幸・清水 知子（訳）(2008)．自分自身を説明すること　月曜社）
神田橋 條治（1997）．対話精神療法の初心者への手引き　花クリニック
岸本 寛史（2015）．緩和ケアという物語　創元社
厚生労働省（2017）．公認心理師カリキュラム等検討会報告書（平成29年5月31日）
野村 晴夫（2012）．カウンセリングの理論と方法　森岡 正芳（編）カウンセリングと教育相談――具体事例を通して理解する（pp.10-25）　あいり出版
Rogers, C. R. (1942). Counseling and psychotherapy: Newer concepts in practice. Boston, MA: Houghton Mifflin.（ロジャーズ, C. R.（著）末武 康弘・諸富 祥彦（訳）(2005)．カウンセリングと心理療法――実践のための新しい概念　ロジャーズ主要著作集1　岩崎学術出版社）
山本 博樹（2017）．説明実践を支える教授・学習研究の動向　教育心理学年報, 56, 46-62.

6章
援助要請の抵抗感を理解した説明力

水野治久：大阪教育大学

　公認心理師がいかに良いサービスを用意しても，そこに利用者がなければそのサービスは提供されない。良いサービスを提供しても利用されないことをサービスギャップというが，これは援助要請の研究領域ではよく指摘される。
　公認心理師が，専門家として今以上に学校や医療，司法，福祉などの場に入ってくる未来がやってくると，その利用者が，公認心理師が提供するサービスをどう捉え，そしてどのような期待と不安をもって公認心理師に援助を要請するのだろうか？　そして，サービスの利用者の視点に立った「説明」とはどのようなものであろうか？　本章ではこの点について考えていく。

1. カウンセラーに対する援助要請

　筆者は学校場面で児童・生徒のカウンセラーや教師に対する援助要請を質問紙調査を用いて検討してきた。例えば筆者らが，982名の中学生を対象に調査したところによると，スクールカウンセラー（以下 SC）に相談経験のある中学生は44名であった（水野，2007）。SC がいまだに週1回数時間の非常勤勤務であることや，SC の主な援助対象が学校に登校できない子どもたちで，調査に回答していないことを考慮に入れる必要がある。しかしながら，この相談者の少なさは，SC 側の要因だけでなく，カウンセリングを受ける側の児童・生徒になんからの障壁がある可能性も否定できない。山口ら（2004）は，中学生372名を対象に，適応尺度ごとに相談する相手を質問した。その結果，心の教室相談員・SC に相談すると答えた中学生は，心理・社会領域が7名（1.9％），学習領域が8名（2.2％），進路領域が10名（2.7％），心身・健康領域が11名（3.0％）であった。また，水野ら（2006）は中学生477名を対象に，教師や SC

に対する被援助志向性を質問している。被援助志向性とは，問題が認められ自分で問題が解決できない場合に，ヘルパーに援助を求めようとする傾向を示す概念である。その結果，学習・進路，心理・社会・健康領域のSC・心の教室相談員に対する被援助志向性は5点満点で平均1.3点から2点ときわめて低かった。教師についての被援助志向性も平均1.57点～2.07点と低かった。

実は援助要請する人が少ないのは医療場面でも同様である。日本に居住する日本語を話す20歳以上の4,130名の調査（Ishikawa et al., 2016）によると，精神疾患の診断と治療とは強い関連があったものの，深刻な疾患を抱えている人の37％しか医療からの治療を受けていなかったことを報告している。

心理学や精神医学の専門家に助けを求めない傾向は日本だけではない。米国でカウンセラーとして勤務経験のある古宮（2007）は，米国人は自らすすんでカウンセラーや精神科医のところに相談に行き，かかりつけのカウンセラーをもっているのがステータスシンボルであると日本人から何度も聞かれたと述べている。そしてそれが日本人の誤解であり，米国人もカウンセラーのところに行きたがらないとしている。アメリカ心理学会のホームページでも，10代の子どもたち向けに適切に援助を求めるように訴えるページが現在でも掲載されている（American Psychological Association, 2000）。

援助要請研究は，人が心理学や医学の専門家に助けを求めない意識を記述する試みから，援助要請の障壁を明らかにしたり，その障壁を乗り越える介入プログラムが発表するようになってきた。ここでは，先行研究から指摘されている援助要請研究を概観し，筆者の学校現場における実践を踏まえながら，主に学校領域において，児童生徒および教師にどのような説明を行えば，必要な人に援助が届くか考えていきたい。

2. 援助要請の抵抗感とスティグマ

カウンセラーに相談することは抵抗を伴う。クシュナーら（Kushner & Sher, 1989）は，心理療法に対する意識尺度を開発し，セラピストの反応や能力に関連する「セラピストの呼応性」，カウンセリングに行くことで自分自身や周囲の受け止めを懸念する「イメージの心配」，治療の中で自分の意志に反

して考えさせられる「強要への心配」の3つの因子を抽出している。水野（2007）は大学生に対する回想的な調査から，SC利用に対する不安を表6-1のようにまとめている。

表6-1 大学生のSCに対して相談するときの意識（回想的調査，一部改変）代表的な記述

遠慮	「何となくカウンセラーというのは大げさ」，「（カウンセラーに）こんなくだらないことを相談しても良いのかと思った」，「カウンセラーとかはもっと重症な人が行くところって感じがした」
汚名への心配	「カウンセラーの部屋に行くところを見られるとあとから何か言われるかなと思ったりすることもあった」，「カウンセラーの先生と相談しているところや，相談室に入っていくところをだれかに見られて，何か言われるかもしれないから」，「カウンセラーに相談するために，先生に言って予約しなければならないこと。先生に知られるのは嫌でした」
呼応性への心配	「一度相談したことがあったけど，全然力になってくれなかったから，相談しても，どうせどうにもならないと思った」，「当時，カウンセラーには何を相談しても行動が変わらないのではないかと思っていた」，「相談する相手が私の話していることに対してどう思っているのか不安になるし，完全には相手を信じることができなかった」
性別・年齢	「カウンセラーの人がおじさんだったり，年があまりにも離れていたら，どうせわかってくれないだろうと相談に行く気が起こらない」，「自分と同じようなことを体験してなさそうな人には相談しにくい。なるべく年齢が近い人が相談しやすい」，「カウンセラーの人は女性の時がいいときもあるし，男性の時がいいときもある。恋の悩みなどは女性の方がいいし，女性には言えないことは男性の方がいい。若い先生の方が話しやすい。友達感覚で」
相談スキル	「（相談するとき）どう話したらよいかはっきりわからなかった」，「自分でも何で悩んでいるのかわからない。言葉にしにくい」，「自分の気持ちがゴチャゴチャになって，自分の気持ちがよくわからなくなっているから人には話しにくい」
自己開示の恐れ	「見ず知らずの人（会って間もない人）に話せるはずがないと思います。やっぱり話しづらいと思う」，「教師やカウンセラーに相談すると確実な答えが返ってくるだろうけど，自分のことをいきなり話したくない」，「友だち達に打ち明け，自分の友達と解決したほうが，うまくまとめられるし，相談室に行くのがちょっと気が重い」
カウンセリングへの馴染みのなさ	「カウンセラーの人がいつ，どこにいるのかよく知らなかった」，「私が中学のときのカウンセラーの人は学校に来るのが不定期だったので，いつ来ているかわからなくて訪ねることができませんでした」，「学校の先生やカウンセラーの人には相談をするまでの仲が無いのでできません」，「カウンセラーは初対面，その人がみえないと話しにくいと思うので」
相談に対する態度	「（悩みは）自分のことだし，周りの人間を支えたりはげましたりすることはできても解決するのは自分自身だと思うから（相談しない）」，「先生とかSCとかやっぱり壁があると思います。そういう人に相談するのを「ダサイ」とか思ってしまう雰囲気があると思います。中学生っぽい中途半端なプライドあるんだと思います。『大人に頼るのがカッコ悪いみたいな』」

6章　援助要請の抵抗感を理解した説明力

　遠慮，汚名への心配，呼応性への心配，性別・年齢，相談スキル，自己開示の恐れ，カウンセリングへの馴染みのなさ，相談に対する態度のうち，説明をすることで改善が図られるのは，遠慮，汚名への心配，呼応性への心配，自己開示の恐れ，カウンセリングへの馴染みのなさであろうか。相談スキルはそもそも相談するというスキルについての訓練が必要である。

　このような相談に対する抵抗感やスキルは援助要請研究の視点から捉えたらどうであろうか。リックウッドら（Rickwood et al., 2016）は，若者がメンタルヘルスサービスを利用しない背景には，スティグマ（汚名），治療に対する否定的な態度と治療について経験の乏しさ，症状を認識することに対する問題，利用可能なサービスの認識が足りないこと，秘密保持への心配，自分で解決することを好む傾向，そして，家族や友人などの非専門家をあてにする傾向などがあることを指摘している。永井（2017）は専門家への援助要請態度の関連要因や専門家への援助要請意図の関連する変数のメタ分析の結果を紹介している。それによると，援助要請態度や意図の関連要因は，専門家への援助要請態度，利益の予期，リスクの予期，心理的苦痛，パブリックスティグマ，セルフスティグマ，ソーシャルサポート，自己隠蔽，自己開示，アジア的価値の遵守，抑うつの変数であった。そして，援助要請における利益の予期とセルフスティグマが援助要請に関連している可能性を指摘している。以上をまとめると，援助要請を促進したり阻害する変数としては，スティグマ，そして援助要請に対する利益の予期である可能性が高い。

　スティグマは，援助要請の阻害要因であることが明らかになっている（例えば，Vogel et al., 2009）。デンプスターら（Dempster et al., 2013）は，4歳から8歳の子どもをもつ保護者118名に対する調査から，スティグマは保護者の援助要請と関連があり，これは子どもの問題を統制してもその傾向は変わらず，保護者の自己スティグマに介入する必要性を強調している。435名の日本の大学生を対象にした研究（Ina & Morita, 2015）によると，社会的（public）スティグマが自己スティグマと関連し，専門的な治療に援助要請する態度に否定的に影響することを明らかにしている。社会的スティグマとは，社会の心理的な治療を受けた人に対する否定的な態度を意味する（Corrigan, 2004）。自己スティグマとは，社会的に受け入れられない自己をラベリングすることにより

自尊心や自己価値を低下させることを意味する（Vogel et al., 2006）。

　こうした援助要請に対する懸念について，公認心理師はどのようにアプローチすべきであろうか。まずは，自分たちの提供するサービスが援助要請する側の人にどう認識されているのかよく考えてみる必要がある。表6-1の大学生の回顧的な自由記述調査結果のように，カウンセリングに通っていることを秘密にしたいと思う人はいる。さらに，カウンセリングに通うことを後ろめたいと思う気持ちには，落ち込むことやうまくいかないこと，その背後にあるさまざまな障害や疾患についての理解が正確でない可能性もある。

　山口ら（Yamaguchi et al., 2011）は，メンタルヘルスのスティグマの低減を検討した40の研究のレビューを行い，23研究の中の18研究が有意な知識の増加，34の研究のうち27の研究が精神疾患の人に対する態度の変容，5研究のうちの2つの研究が若者のメンタルヘルスの気づきを増加させたと報告している。このように精神疾患の正確な知識を説明することが大事である。

　筆者は，養護教諭の協力を得ながら，50分の介入プログラムを中学生150名に実施した（水野, 2014）。ここでは，中学生の落ち込みの理解とカウンセラーや保健室が提供できるサービスについて説明した。この介入は，統制群を設けていないが，事前と事後では，援助に対する懸念・抵抗感が改善した。援助に対する懸念・抵抗感には，相談内容が他者に伝わる懸念が含まれていた。

　さらに佐々木ら（2017）は，大学生のスティグマと専門家に対する援助要請態度の軽減を試みた。介入は60分間×2回であった。第1回目では，精神疾患に対する知識の提供と大学の学生相談室の紹介を行った。第2回目では，架空の事例を用いてグループで事例研究を行ってもらい，心の問題への対処について話し合ってもらった。その結果，スティグマに対する低減効果は示されなかったが，専門的心理的援助要請態度においては実験群で改善した。

　このように筆者の実践では，スティグマを低減させるまでの取り組みは見出せていない。しかしながら，少なくとも公認心理師が提供できるサービスや，利用者が直面する心理的な課題を説明することで，援助要請に対する意識に介入できる可能性を示すと言えよう。こうした試みは，公認心理師の職責でいうと「心の健康に関する知識の普及を図るための教育及び情報の提供」（厚生労働省, 2018）にあたる。先行研究の取り組みでは効果がはっきりと認めてられ

ない部分もあるが，今後スティグマを低減していく方法論を研究する必要がある。豪州の思春期の若者を対象にした相談機関 Headspace は，相談に対するスティグマをいかに減らし，援助要請を高めるかを意識している（Headspace, 2018; 水野, 2016）。

3. 援助要請の抵抗感を理解した説明

　利用者の利益の予測を高めるためには，援助要請したメリットを利用者が具体的に感じるように説明することが大事である。国内で実施された関連研究として中岡ら（2012）の試みがある。これは，カウンセラーの映像がある17分45秒の映像，カウンセラーの映像がない11分5秒の映像を大学生に見せて，それが学生に及ぼす効果を検証した。その結果，カウンセラーの映像のあるビデオを見た学生のほうが，援助要請に対する不安を低下させ，援助要請の期待を増加させた。中岡ら（2012）はこの結果から，カウンセラーの温かさ，親しみやすさ，話しやすさなどが伝わった可能性を指摘している。これにより，対象者は，「この人なら相談したらメリットがありそうだ。解決してくれそうだ」と思った可能性もある。

　さて，ここからは，学校場面でどのような説明が可能なのか，SC を例にして考えていきたい。

[1] カウンセラーとの接触機会を増やし，サービス内容を説明する

　まず，カウンセラーがどのような人たちなのか，そして何をするのかについて，子どもや保護者に説明することが大事である。筆者の調査では，適応得点が低い子どもほど SC の援助には否定的であった（水野, 2014）。つまり援助の必要な子どもほど SC の援助には否定的である可能性がある。半田（2017）は相談の動機づけの低い子どもについて，楽しいことを聞いたり，SC 側への要望を聞くことを提案している。このように，相談に抵抗のある子どもに対しては，当該の子どもとの人間関係づくりを相談への出発点と考える。

　保健室や廊下で，SC に興味をもってくれた人に，SC が何をする人たちなのか，子どもの背景を踏まえて説明することが大事である。自己開示の抵抗が

あっても話せる内容を用意しておく。さらにリラックスの方法などを教えることでより SC の援助を身近に感じる可能性がある。

[2] カウンセリング利用の抵抗感を理解し，相談の結果どのようなメリットがあるのかを利用者の視点で説明する

　カウンセリングへの抵抗感のある子どもや保護者にとって，利益をどう認識してもらうかが鍵である。子どもや保護者の目線からカウンセリングが提供するサービスの内容を説明することが大事だ。例えば，自身の感情を開示することに抵抗を示している子どもの場合は，勉強や友達関係など，学校生活そのものに焦点を当てるような相談も可能である。「カウンセリングは，言いたくないことは言わなくても良いです，あなたのペースで，話したいことを話してください。勉強や友達関係について話しても良いです」と説明する。さらに，医療機関での検査や診断に抵抗を示す子どもや保護者も存在する。その場合，検査結果や診断結果がその後の学校の支援にどのように有益なのか，さらにその支援が子どもにどう役立てられるかについて十分に説明する。学習の仕方や授業の受け方などの具体的なエピソードを交えることが大事である。これは子どもや保護者だけでなく，教員に対しても同様である。

[3] 他者からのカウンセリングの勧め

　援助要請の促進要因に他者からの勧めというものがある。学校場面における他者というのは，保護者，教師，友人である。筆者が実践で多くの力を注いでいるのが，教師に来談を勧めてもらう方法である。そのためには，教師にカウンセリングを受けることでどのようなメリットがあるのかを実感を伴い理解してもらう必要がある。子どもの対応に困っている教師は多い。

　不登校の子どものケースであれば家庭訪問の仕方，声かけの仕方など，教師の立場から実行できる具体的なアクションプランを考える。例えば，不登校の子どもの家庭訪問の時間，タイミング，声かけの仕方などについて，具体的なプランを教師と一緒に考えたい。事実，SC の判断を参考にする教員もいる（山本，2015）。

　子どものより身近にいる担任教師から相談を勧めてもらうことや，担任の援

助力を向上させ，結果的にそれが子どものウェルビーングにつながることがあれば，これも公認心理師の役割であるとも言える。

公認心理師への提言

本章では援助要請の視点から公認心理師の「説明」を考察した。今後，公認心理師が広がりを見せ，国民にとって公認心理師の援助サービスが利用しやすくなるであろう。しかしながら，ニーズのある人に公認心理師のサービスを届けるためには，ニーズのある人が公認心理師に援助要請する必要がある。

援助サービスの利用者に，公認心理師がどのようなサービスを提供する人たちなのかを具体的なイメージをもって理解してもらうことが重要だ。その手だてとしては本章で解説したように，公認心理師が援助要請の意識や行動を理解し，その理解を踏まえた公認心理師による説明が鍵となる。具体的なイメージをもちやすいように，公認心理師が援助ニーズの高い人やその家族に接触し説明すること，心理教育を積極的に展開することが有効だ。加えて，援助ニーズの高い人の周囲にいる職業人との協働も欠かせない。具体的には，子どもの場合なら教師，企業人であれば職場の上司や人事関係者，医療サービスを受けている人なら医師や看護師，福祉のサービスを受けている人なら行政関係者，ソーシャルワーカーや保健師である。こうした人達との協働的な関係を通して，公認心理師のサービスがニーズを抱えた人たちのウェルビーングにどのように貢献できるのかを理解してもらう必要がある。

読書案内

水野 治久（監修）永井 智・本田 真大・飯田 俊晴・木村 真人（編）(2017). 援助要請と被援助志向性の心理学 困っていても助けを求められない人の理解と援助 金子書房 (推薦理由：本書は，本邦初の対人援助領域の助けを求める意識や行動に注目した書籍。日本国内のこの領域の研究者と実践者総勢24名の知恵を結集させた。本書は概念の説明からさまざまな援助場面での応用まで視野に入れ執筆されている。)

文 献

American Psychological Association (2000). Change your mind about mental health. 〈http://www.apa.org/helpcenter/change.aspx〉 (2018年4月28日閲覧)

Corrigan, P. (2004). How stigma interferes with mental health care. *American Psychologist, 59* (7), 614–625.

Dempster, R., Wildman, B., & Keating A. (2013). The role of stigma in parental help-seeking for child behavior problems. *Journal of Clinical Child & Adolescent Psychology, 42*, 56–67.

半田 一郎 (2017). 一瞬で良い変化を起こす 10秒・30秒・3分カウンセング──すべての教師とスクールカウンセラーのために 月間学校教育相談, 2017年1月増刊号 ほんの森出版

Headspace 2018 Who we are.
〈https://headspace.org.au/about-us/who-we-are/〉（2018年7月28日閲覧）
Ishikawa, H., Kawakami, N., & Kessler, R. C. (2016). Lifetime and 12-month prevalence, severity and unmet need for treatment of common mental disorders in Japan: Results from the final dataset of World Mental Health Japan Survey. *Epidemiology Psychiatric Sciences, 25* (3) 217-229.
Ina, M., & Morita, M. (2015). Japanese university students' stigma and attitudes toward seeking professional psychological help. *Online Journal of Japanese Clinical Psychology, 2*, 10-18.
古宮 昇（2007）．人はなぜカウセリングを受けたがらないか　水野 治久・谷口 弘一・福岡 欣治・古宮 昇（編）カウンセリングとソーシャルサポート　つながり支えあう心理学（pp.162-186）　ナカニシヤ出版．
厚生労働省（2018）．公認心理師
〈http://www.mhlw.go.jp/stf/seisakunitsuite/bunya/0000116049.html〉（2018年4月24日閲覧）
Kushner, M. G., & Sher, K. J. (1989). Fear of psychological treatment and its relation to mental health service avoidance. *Professional Psychology; Research and Practice, 20*, 251-257.
中岡 千幸・兒玉 憲一・栗田 智未（2012）．カウンセラーのビデオ映像が学生の援助要請意識に及ぼす影響の実験的検討　学生相談研究, 32, 219-230.
永井 智（2017）．これまでの援助要請・被援助志向性研究　水野 治久（監修）永井 智・本田 真大・飯田 敏晴・木村 真人（編）援助要請と被援助志向性の心理学（pp.14-22）　金子書房
水野 治久（2007）．中学生が援助を求めるときの意識・態度に応じた援助サービスシステムの開発　課題番号16530423　平成16年度～平成18年度科学研究費補助金（基盤研究C（1））研究成果報告書
水野 治久（2014）．子どもと教師のための「チーム援助」の進め方　金子書房
水野 治久・石隈 利紀・田村 修一（2006）．中学生を取り巻くヘルパーに対する被援助志向性に関する研究――学校心理学の視点から――　カウンセリング研究, 39, 17-27.
水野 治久（2016）．豪州の相談機関「ヘッドスペース」　水野 治久（監修）永井 智・本田 真大・飯田 敏晴・木村 真人（編）援助要請と被援助志向性の心理学――困っていても助けを求められない人の理解と援助（p.72）　金子書房
Rickwood, D., Webb, M., Kennedy, B., & Telford, N. (2016). Who are the young people choosing web-based mental health support? Findings from the implementation of Australia's National Web-based Youth Mental Health Service, eheadspace. *Journal of Medical Internet Research Mental Health, 3*(3): e40. doi: 10.2196/mental.5988
佐々木 悠人・水野 治久・永井 智（2017）．大学生の援助要請を阻害する要因の検討――スティグマが援助要請態度に与える影響の検討――　大阪教育大学紀要Ⅳ教育科学, 65, 259-270.
Yamaguchi, S., Mino, Y., & Uddin, S. (2011). Strategies and future attempts to reduce stigmatization and increase awareness of mental health problems among young people: A narrative review of educational interventions. *Psychiatry and Clinical Neurosciences, 65*, 405-415. Doi: 10.111/j.1440-1819.2-011.02239x
山口 豊一・水野 治久・石隈 利紀（2004）．中学生の悩みの経験・深刻度と被援助志向性の関連――学校心理学の視点を活かした実践のために――　カウンセリング研究, 37, 241-249.
山本 渉（2015）．中学校の担任教師はスクールカウンセラーの活動をどのように生かしているのか――グラウンディド・セオリー・アプローチを用いた質的分析――　教育心理学研究, 63,

279-294.

Vogel, D. L., Wade, N. G., & Ascheman, P. L. (2009). Measuring perceptions of stigmatization by others for seeking psychological help: Reliability and validity of a new stigma scale with college students. *Journal of Counseling Psychology, 56*, 301-308.

Vogel, D. L., Wade, N. G., & Haake, S. (2006). Measuring the self-stigma associated with seeking psychological help. *Journal of Counseling Psychology, 53*, 325-337.

7章
メタ認知を働かせた説明力

三宮真智子：大阪大学

　本章では，メタ認知の視点から説明について論じる。説明は，ただ単に自分の知っていることを他者に伝えることではなく，受け手の理解を促すためのコミュニケーション行為である。したがって，説明本来の目的を果たすためには，受け手の立場（視点）に立ったうえで，発話を組み立てる必要がある。しかしながら，この視点取得が不十分であることも少なくない。それというのも私たちは，まず自分の視点で物事を考え，それを伝える際に，改めて受け手の視点を取るという順序を踏むからである。さらには，受け手側の認知的・感情的要因が説明の解釈を左右することもあり，説明はしばしば誤解される。説明の誤解を予防するためには，メタ認知を働かせることが必要である。すなわち，人はなぜ誤解するのか，どのような誤解が起こりやすいのか，どうすれば誤解を予防・修正できるのか，といったメタ認知的知識を説明者が獲得し，説明に際してメタ認知的活動を十分に行うことが誤解を防ぎ，よりよい説明実践につながると考えられる。

1．コミュニケーション行為としての説明

　説明は，他者に対して行うコミュニケーション行為である。それゆえ，相手が理解できなくては，意味をなさない。第1節では，そうした前提のもとで説明がどのように生成されるのか，その認知過程について見ていくことにする。

［1］新情報と旧情報の区別
　私たちが発話を生成する際には，まず，何を言うべきかを計画し（意味レベル），次に，発話計画の文法的な構造を決める（統語レベル）という段階を経る（Dell, 1986）。これは，口頭説明を行う場合にも当てはまり，このうち，受

7章 メタ認知を働かせた説明力

け手にわかりやすく伝えるという意識が働くのは，特に文法的な構造を決める段階である。

そもそもコミュニケーションにおいては，受け手が何をすでに知っており，何を知らないかを理解したうえで発話を組み立てる必要がある。例えば，「AさんがBを選択した」という内容を伝えたい場合，伝える相手の知識状態により，「誰が」あるいは「何を」を新情報として伝えなければならない。新情報を明確にしようとすると，それぞれの場合の発話は，例えば，「Bを選択したのはAさんです」「Aさんが選択したのはBです」といった形になるだろう。

このように，受け手の既有知識（受け手にとっての旧情報）を考慮したうえで，受け手がまだ知らないこと（受け手にとっての新情報）を伝えるということは，コミュニケーションにおける一種の約束事であり，旧情報・新情報契約（given-new contract）と呼ばれる（Clark & Haviland, 1977）。説明においても，通常は，この契約に即した形で発話が生成される。新情報を先述のように際立たせることによって，受け手は理解しやすくなる。

[2] 視点取得

旧情報・新情報契約は，実は，説明者が利用者の視点を取ることを前提としている。そもそも他者に何かを伝える場合には相手の視点に立ち，相手が何をどこまで知っているのかを把握しておくことが必要である。そしてさらに，内容によっては，相手がどのように考えているのか，また，相手がどんな気持ちなのか，といったことをも知っておく必要がある。

このように，他者の視点を取ることを視点取得（perspective-taking）と言う。これは，それほどたやすいことではなく，とりわけ幼い子どもには，困難である。幼児は，ピアジェの言う自己中心性（egocentrism）のために，自分の視点でしか物事を捉えられない。つまり，幼児は，自分に見えているものは他の人にも見えていると思い，自分が知っていることは他の人も知っていると思い込んでしまう。この自己中心性からの脱却，すなわち脱中心化（decentration）を経てはじめて，他者の視点を取ることができるようになる（Piaget, 1970）。ただし，大人であっても，つねに他者の視点に立ってうまく説明できるかといえば，そうではない（Duffy et al., 1983）。たとえ潜在的には視点取得

能力を備えていたとしても，つねにこれを発揮するとは限らないのである．

2. 説明の誤解

説明実践の場では，説明はしばしば受け手である利用者に誤解される．説明が誤解を生む背景には，いくつかの認知的・感情的要因，すなわち心理的要因がある．2節では，説明が誤解を生む心理的要因について解説する．

[1] **情報の非共有に起因する誤解**
まず，誤解が起こる原因として，送り手と受け手の間で情報が共有されていない場合が挙げられる．三宮（2017）は，情報の非共有を次の3つの場合に大別している．

1）**語（言葉）の意味の非共有** 送り手にはわかっている言葉の意味が，受け手にはわからないことがある．例えば専門用語などがこれにあたる．

2）**省略語（省略された言葉）の非共有** 日常会話では言葉の省略が多く，省略された語が共有できていないことに起因する誤解がある．例えば，「さっき，言いましたよね」といった発話においては，主語（「私が」など）や目的語（「あなたに」など）が省略されており，受け手がこれらを正しく補完できなければ，誤解が起こる．

3）**含意（言葉の背景にある意図）の非共有** 発話の含意が共有できていない場合にも，誤解が生じる．発話の含意とは，送り手が発話に込めた意図すなわち発話意図のことである．例えば，「その可能性はないとは言えません」という発話は，「その可能性を考えておいてください」とも「その可能性はあまり考えなくてもよいでしょう」とも解釈できる．こうした含意の解釈においては，誤解が起こりやすい．

[2] 大雑把な意味処理に起因する誤解

　受け手は送り手の発話を，自分の予想や期待に基づいて解釈する。そのため，予想・期待に合致する方向に解釈が歪められることが多い。私たちは，そもそも言語情報を正確に処理しているわけではなく，特に曖昧な文を素早く処理するためには，「まあ，これくらいで十分だろう（good enough）」といった程度の処理で間に合わせることが多い。この処理の仕方は，「これくらいで十分」アプローチ（good enough approach）と呼ばれる（Ferreira & Patson, 2007）。日常のコミュニケーションのすべてにおいて厳密な意味処理をしていては，認知負荷（cognitive load）がかかり過ぎるため，このような大雑把な処理で間に合わせることは適応的ではあるが，その代わり，誤解も起こりやすくなる。

[3] 記憶の歪みに起因する誤解

　私たちの記憶は，実は，かなり脆弱である。そのため，説明された内容に関する記憶においても，特に細かい部分は，既有知識の助けを借りたり他の情報で補完したりすることになる。

　私たちが一度に処理できる範囲を規定するワーキングメモリ（Baddeley, 2000）には厳しい容量限界があり，この容量を超える情報を一度に受け取ると，必ずどこかが欠落する。その欠落部分は，しばしば推測によって補われ，誤解の原因となる。

[4] 感情に起因する誤解

　これまで見てきた誤解は，認知的な要因に基づくものであった。しかし，私たちの解釈は，実は感情によっても大きく左右される。感情には，瞬間的に湧き起こる比較的強い感情である情動（emotion）以外にも，ある程度持続する比較的軽度な感情を意味する気分（feeling）が含まれる。同じ言葉を聞いたとしても，聞き手の気分によって，意味解釈が変わる可能性がある。相手の機嫌が悪い時，ふだんなら冗談で通ることが通らなくなるといったことは，まさにこの気分の影響を示している。

　一般に，社会的相互作用つまり人と人との関わりには，感情状態が大きく影

響する(Forgas, 2002)。解釈や評価は，その時の気分に一致するような方向で行われる(Forgas & Bower, 1987)。これを，気分一致効果(mood congruency effect)と呼ぶ。これは，私たちが何らかの判断を行う時に自らの感情状態を手がかりにするために起こる。コミュニケーションを取る前にポジティブな感情状態であれば，相手の発話をポジティブに捉え，逆に，ネガティブな感情状態であれば，相手の発話をネガティブに捉える傾向がある。シュヴァルツとブレス(Schwarz & Bless, 1991)は，このように自らの感情状態を判断の手がかりにするのは，感情が情報として機能しているためと見なす。私たちは，自分がもともと怒っていたために相手の言葉を悪く受け取ったのか，それとも，相手が嫌なことを言ったために自分が怒ったのかを区別することが苦手である。そのため，自分が怒っているのは，相手が嫌なことを言ったせいだと感じてしまいがちである。

[5] 他者視点の欠如に起因する誤解

説明を受ける利用者の側が，説明者の視点を十分に取れないために誤解が生じる場合がある。ケイサーら(Keysar et al., 2000)は，成人を対象として次のような実験を行った。まず，話し手と聞き手の間に，図7-1のような区画のついた箱を置いた。話し手は箱の裏側を，聞き手は表側を見ている。区画の中には，リンゴ，おもちゃのトラック，ビン，ブロック，それに大中小のロウソクが納められていた。ここでの仕掛けは，聞き手からは見えていても話し手には見えない(隠されている)区画があるという点である。話し手は聞き手に指示を出し，聞き手はそれに応じて物を動かさなければならない。これが，聞き手に課された課題である。例えば，話し手から「小さいロウソクを1つ上の区画に移してください」といった指示が出される。

ここで注意すべきは，話し手から見えている「小さいロウソク」は，聞き手側からすれば，「2番目に小さい(中くらいの大きさの)ロウソク」だという点である。なぜなら，聞き手には，3つの大きさのロウソクがすべて見えているが，話し手には2つしか見えておらず，話し手が「小さいロウソク」と言った時には，聞き手は「話し手から見えているロウソクのうちの小さい方」つまり「自分から見れば中くらいの大きさのロウソク」を指していると考え，頭の

7章 メタ認知を働かせた説明力

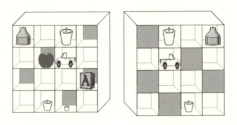

聞き手から見えるもの：箱の表側　　話し手から見えるもの：箱の裏側

＜聞き手＞　　　＜箱＞　　　＜話し手＞

図7-1　話し手と聞き手から1つの箱を見た図（Keysar et al., 2000より作成）

中で置き換えなければならない。この課題で，聞き手は，自分にしか見えない（したがって話し手が言及するはずのない）「最も小さいロウソク」をうっかり手に取ったり，あるいは取ろうとした。こうした誤り反応は，全体の20％強生じていた。

　また，ケイサーらは，聞き手の眼球運動を記録した。すると，聞き手は「自分にとっての小さいロウソク」の方にまず目を向け，その後，「相手にとっての小さいロウソク」の方を見ることがわかった。つまり，聞き手は，最初は自分の視点で相手の言葉を捉え，そしてその後から，見方を修正して，相手の視点で捉える努力をしているということがわかった。

　私たちは必ずしも最初から他者の視点を取れるわけではなく，こうした変換や修正を意識的に行うことによってはじめて，他者の視点を取ることができると考えられる。

3. メタ認知による説明の改善に向けて

　「伝わる説明」を生成するためには，メタ認知を働かせることが欠かせな

3．メタ認知による説明の改善に向けて

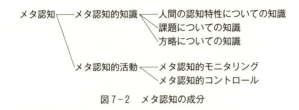

図7-2　メタ認知の成分

い。つまり，自分の視点を絶対視せず，これをもう一段上から客観的に捉える必要がある。利用者の視点を取ること，すなわち視点取得は，コミュニケーションにおけるメタ認知の基本である。第3節では，メタ認知を働かせた説明の改善を提案する。

[1] メタ認知とは何か

コミュニケーションにおいて重要な働きをするメタ認知（metacognition）とは，一言で言うならば，認知についての認知である。認知は，そもそも，見る，読む，聞く，書く，話す，記憶する，思い出す，理解する，考えるなど，頭を働かせること全般を指す。こうした自らの認知を客観的に捉えることが，メタ認知である。例えば，「私の説明は，相手に伝わっているだろうか」といった問い直しはメタ認知である。

メタ認知は1970年代に，発達心理学においてフレーヴェル（例えばFlavell, 1979）やブラウン（例えばBrown, 1978）が導入した概念である。メタ認知の一部は，昔から省察（reflection）と呼ばれており，これは，自らを振り返って熟考することを意味する（メタ認知概念の歴史的背景や詳細は，三宮(2008)に詳しい）。メタ認知は，図7-2のように，知識の成分と活動の成分に分けることができる。

[2] 説明におけるメタ認知

従来，メタ認知の研究は，記憶の発達や記憶方略・学習方略といったテーマについて，個人の中で生じる認知を主な対象としてきた。しかしながら，通常は他者との関わりの中で行われる説明という認知活動において，メタ認知はさらに大きな役割を果たす。説明は一般に，個人内では完結せず，相手に正確に

表7-1　説明に関わるメタ認知の具体例

●メタ認知的知識
・人間の認知特性についての知識
「きちんと説明したつもりでも，相手が誤解することがある」
・課題についての知識
「説明する場合には，言葉に加えて視線や表情，声の調子なども大切だ」
・方略についての知識
「説明には，具体例を添えるとわかりやすい」
●メタ認知的活動
・メタ認知的モニタリング
「私の話すスピードは，速過ぎないか」
「私の言いたいことは相手に理解されただろうか」
・メタ認知的コントロール
「まずは要点を先に伝えよう」
「身近な例を使って相手の理解を助けよう」

情報が伝わることが肝心である。そのためには，自分の認知についてだけでなく，自分と相手の認知の間にずれが生じていないかどうかについてもモニターし，ずれをなくすようにコントロールしなければならない。メタ認知を働かせることなしに説明がうまく行われることはありえないと言っても過言ではない。メタ認知を具体的に説明に当てはめてみると，表7-1のような例が考えられる。

[3] メタ認知による説明の改善

第1節および第2節で紹介してきた知見は，説明についてのメタ認知的知識に関するものである。日頃からこれらを念頭に置いて説明を行うことが，説明の改善につながる。説明のためのメタ認知として特に重要なものは，利用者の立場に立つこと，すなわち利用者の視点を取得することである。

書面での説明においては，メタ認知を働かせて読み手の視点取得を行う人であっても，相手が目の前にいる対面状況では，これをつい怠ってしまいやすい（Schober, 1993）。それは，説明の相手が目の前にいれば，説明がわかりにくい場合には相手が当然質問をしてくるはずだと考えるためである（Krauss & Fussell, 1991）。そうした暗黙の想定が，ついついメタ認知を不十分なものにしてしまいがちである。

もちろん会話というものは，説明をする側とこれを受ける側の両者の協力によって行われることが原則である。しかしながら，そこに一種の権威勾配（authority gradient）が存在する場合には，この限りではなくなる。つまり，公認心理師が利用者に説明を行う場合には，利用者側がともすれば遠慮がちになることを忘れてはならない。その分，公認心理師がメタ認知を働かせる必要があるだろう。そして，なおかつ，利用者がわからないことを質問しやすい雰囲気をつくり，インタラクティブなコミュニケーションの場にしていくことが，よりよい説明を実現する鍵となるだろう。

公認心理師への提言

　公認心理師は，人と接する仕事であるため，メタ認知が特に必要と考えられます。心理検査を実施したり，心理に関する助言や指導を行ったりする際には，利用者の側に納得がいくような説明が求められます。言葉の意味がきちんと伝わっただけでは，利用者は必ずしも納得していない場合があります。心から納得していただくためには，その人の置かれている状況や環境も考慮することが大切です。公認心理師が利用者と会うのはごく限られた回数でしょうが，利用者の抱えている問題に加えて，これまでの経歴，生育歴などをも考慮することが大切でしょう。そして，利用者のものの見方・考え方を理解したうえで，利用者の今後をともに考える姿勢を示すことができれば，素晴らしいと思います。説明を通して，「初めて会ったばかりなのに，私に寄り添おうとしてくれている」と利用者に感じさせるような対応を目指していただければと思います。

読書案内

三宮　真智子（2017）．誤解の心理学：コミュニケーションのメタ認知　ナカニシヤ出版　（推薦理由：本書は，Ⅰ　事例編，Ⅱ　解説編，Ⅲ　予防・対策編の3部から成り，日常の誤解例を豊富に紹介するとともに，誤解の言語学的・心理学的・文化論的な背景について解説を行い，他者とつながる「社会脳」にも言及している。メタ認知を促すコミュニケーション・トレーニングの実例も収録し，読者の参考になると思われる。）

文　献

Baddeley, A. D. (2000). The episodic buffer: A new component of working memory? *Trends in Cognitive Sciences, 4*, 417-423.

Brown, A. L. (1978). *Metacognition, executive control, self-regulation, and other more mysterious mechanisms*. In F. E. Weinert, & R. H. Kluwe (Eds.), *Metacognition, motivation, and understanding* (pp.65-116). Hillsdale, NJ: Lawrence Erlbaum Associates.

Clark, H. H., & Haviland, S. E. (1977). Comprehension and the given-new contract. In R. O. Freedle (Ed.), *Discourse production and comprehension* (pp.1-40). Norwood, NJ: Ablex.
Dell, G. S. (1986). A spreading activation theory of retrieval in sentence production. *Psychological Review, 93*, 283-321.
Duffy, T. M., Curran, T. E., & Sass, D. (1983). Document design for technical job tasks: An evaluation. *Human Factors: The Journal of the Human Factors and Ergonomics, 25*, 143-160.
Ferreira, F., & Patson, N. (2007). The good enough approach to language comprehension. *Language and Linguistics Compass, 1*, 71-83.
Flavell, J. H. (1979). Metacognition and cognitive monitoring. A new area of cognitive-developmental inquiry. *American Psychologist, 34*(10), 906-911.
Forgas, J. P. (2002). Feeling and doing: Affective influences on interpersonal behavior. *Psychological Inquiry, 13*(1), 1-28.
Forgas, J. P., & Bower, G. H. (1987). Mood effects on person-perception judgments. *Journal of Personality and Social Psychology, 53*(1), 53-60.
Keysar, B., Barr, D. J., Balin, J. A., & Brauner, J. S. (2000). Taking perspective in conversation: The role of mutual knowledge in comprehension. *American Psychological Science, 11*(1), 32-38.
Krauss, R. M., & Fussell, S. R. (1991). Perspective-taking in communication: Representations of others' knowledge in reference. *Social Cognition, 9*, 2-24.
Piaget, J. (1970). *L'épistémologie génétique*. Paris: Presses Universitaires de France.（ピアジェ, J.（著）滝沢 武久（訳）(1972). 発生的認識論　白水社）
三宮 真智子 (2008). メタ認知研究の意義と課題　三宮 真智子（編著）メタ認知：学習力を支える高次認知機能（pp.1-16）　北大路書房
三宮 真智子 (2017). 誤解の心理学：コミュニケーションのメタ認知　ナカニシヤ出版
Schober, M. F. (1993). Spatial perspective-taking in conversation. *Cognition, 47*, 1-24.
Schwarz, N., & Bless, H. (1991). Happy and mindless, but sad and smart? The impact of affective states on analytic reasoning. In J. P. Forgas (Ed.), *Emotion and social judgment* (pp.55-71). Oxford, UK: Pergamon.

8章
口頭説明の有効性

伊藤貴昭：明治大学

　公認心理師にとって，利用者と直接的な遣り取りをするコミュニケーションの場は大切なものとなる。そこで用いられる説明はほとんどが口頭によるものであろう。そのため，説明文のように，あらかじめ構想を練り，推敲を重ねながら完成させていくものとは異なり，利用者との関係の中で，利用者の些細な反応にも臨機応変に対応することが求められるものとなる。こうした説明を有効なものとしていくために，説明者はどのような点に意識を向けるべきなのか。そこには何か口頭説明特有の特徴や傾向が潜んでいるのだろうか。また逆に，利用者の側にも口頭説明の中で果たすべき役割があり，何らかの働きかけをしていく必要があるのだろうか。本章では，口頭説明に焦点を当て，特に認知的な心理プロセスに基づきながらこうした問題について迫っていく。

1．口頭説明の基盤となる心理プロセス

[1] 利用者に配慮した説明
　公認心理師が口頭説明を求められる場とはどのような場であろうか。心理的支援を必要とする利用者に対するカウンセリングの場もそうであろうし，サポートする家族に対する説明の場もそうであろう。また，広く心理学的な知識の普及のためになされるのも，やはり説明である。いずれにしてもそこでなされる説明は，利用者の心理状況に直接的に影響を及ぼす可能性があることに加え，内容もデリケートなものが多いため，当然のことながら最大限の配慮が求められるものとなる。
　公認心理師はその資格の特性から，利用者の心理状況について専門的知識に基づいて判断することができる立場にある。したがって，利用者の心理状況に

ついては一般的な人よりも理解できるはずであり，利用者に配慮するのはむしろ当然のことである。しかし，自分がその場で行っている説明そのものの心理プロセスについては，必ずしも自覚的になっているとは限らないであろう。口頭説明を有効なものとしていくためには，説明の心理プロセスについてあらためて見つめなおし，そこに表れる特徴について認識しておく必要がある。そこで本章では，口頭説明に関するモデルに基づき，心理プロセスの特徴について取り上げ，口頭説明を有効なものとするために求められることについて考えてみたい。

[2] 説明のモデル

口頭説明は，おおよそ次のようなプロセスで行われている。①内容を構成する，②説明する，③相手の反応を確認する，④内容を修正する，というプロセスである。これは，近年さまざまな場面で使用されるようになったPDCA（Plan-Do-Check-Action）サイクルとも軌を一にするものである。つまり，説明のような活動も，そのプロセスに注目すると，人間のするさまざまな活動と通ずるものがあることがわかる。

このように，説明のプロセスについて順を追って表現することも，説明を心理的に見つめなおす際には有用である。しかし，本章ではこれに加え，説明の質に関わる考え方として，クラークら（Clark & Wilkes-Gibbs, 1986; Clark & Schaefer, 1989）の対話モデル（dialogic model）を紹介しておきたい。

対話モデルとは，もともとはコミュニケーションのモデルとして提唱されたものであり，説明過程における「共通基盤（common ground）」の形成こそが対話の根幹をなしているとするモデルである。共通基盤とは，説明者と利用者の間に知識の共有がなされているのと同時に，お互いにその事実をも理解しているという状態を指している（比留間，2002）。

例えば，クラークとウィルクス=ギッブス（Clark & Wilkes-Gibbs, 1986）では，図8-1のような図形を互いに見えない配置にある2人に対して示し，一方を指示者，もう一方を回答者とし，指示者の説明に基づき，回答者が図形を並べ替えるという課題が用いられる。例えば「スケートをしている人を2番目に並べてください」と指示されたとしたら，どれを指していると考えるだろ

1. 口頭説明の基盤となる心理プロセス

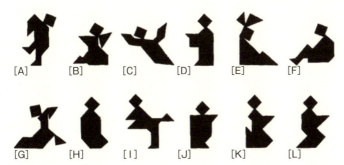

図8-1　クラークとウィルクス-ギッブス（Clark & Wilkes-Gibbs, 1986）が用いた課題

うか。見方によっては複数の図形が該当する可能性がある。そのため，この課題をうまく解決していくためには，自分が指している図形を相手が確実に特定できているという実感がなければならない。共通基盤とはこうした認識が双方に形成されている状態を指している。

　この考えに基づくと，共通基盤の形成のためには，いかに双方の理解を確認し合っていくかが鍵になる。まず，指示者には，相手が図形を正確に識別できるような説明が求められる。「スケートをしている人」とだけ伝え，相手の反応が期待どおりでなければ，「両手を前に出している形のもの」などの補足情報を加えていく必要がある。臨機応変な対応をしていくためには，つねに利用者の理解状況を把握しようとする姿勢が説明者には求められる。

　一方，聞き手である回答者もただ受け身でいればよいというわけではない。自分が指示者の指している図形を間違いなく特定できたことを伝える必要がある。単純に「わかった」と返答するよりも，「片足を後ろに上げて滑っているような形をしている図形ですね」などの追加情報を加えた返答によって，指示者との認識を一致させていく働きかけをする方がよいだろう。つまり，共通基盤の形成のためには利用者の側にもそれ相応の反応が求められるのである。

　以上のことからもわかるように，説明活動というのは，あくまでも双方の理解を確認しながら徐々に共通基盤を築いていくという，いわば説明者と利用者との間で生じる協同活動（Clark, 1996）なのである。説明場面は，説明者と利用者といったある種の不均衡な関係の中で生じるため，情報をもつものからもたざるものへという一方向的な知識の伝達でうまくいくという感覚に陥りやす

い。しかし，利用者の側にも説明内容に関連する事前の知識や経験が少なからずあるはずであり，それを説明の中で一つ一つ互いに確認し合いながら進めていくことが，共通基盤を築くためには重要である（Clark & Brennan, 1991）。つまり，利用者と調整を加えながら，その実感をつくっていくプロセスこそが説明のプロセスであるといえるだろう。

2. 利用者に合わせた説明をすることの難しさ

　共通基盤の形成のためには，説明者，利用者がお互いのことをより正確に理解することが必要となる。しかし，実際には互いの理解状態を逐一確認しながら説明が進められることは少ない。例えば，図8-1で「スケートをしていて両手を前に出している人」と説明したとき，回答者が「あ，これね。わかりました」と答えれば，指示者は回答者が図形を特定できたものと考えるだろう。正確を期すためにあえて「足が後ろに上がっているように見えるもの」といった追加情報によって確認していくこともないわけではないが，実際には回答者の肯定的な反応によって終了することが多い。このように，口頭説明の場では，相手の反応によって「わかっているだろう」と判断し，説明を先に続けていくのが普通である。日常生活でなされる説明は，それでうまくいくことが多いため，特にこれが問題になることもない。しかし冒頭で述べたように，公認心理師に求められるのは，利用者へ配慮した説明である。だからこそ，ここに潜む問題について取り上げておきたい。

　まず着目したいのは，私たちは相手のもつ知識や経験に基づき，説明内容を調整しているという事実である。図8-1で「スケートをしている人」という指示が有効になるためには，相手が「スケート（しかもこの場合はスピードスケートではなくフィギュアスケート）」について知っていることが前提となる。こうした前提がどの程度成立しているかは，利用者の知識や経験によって異なってくるが，説明内容がより専門的になるほど利用者のことを正確に把握することが難しくなってくる。これが説明内容に大きな影響を及ぼしてくるわけである。

　例えば，恐怖症について教える場面を対象に行われた研究（Wittwer et al.,

2010)では，学習者がどの程度の知識レベルにあるかについての情報を説明者に与えるか否かによって，説明内容に大きな差が出てくることが示されている。学習者のレベルがわかれば，説明内容を学習者に合わせ，より適切なものに調整できるが，学習者のレベルがわからないと，情報が表面的には多く取り上げられるものの，情報間の関係など，深く理解するために必要な説明が不足するという。つまり説明が適切なものになるかを決める1つの重要な要因は，利用者の知識レベルをいかに把握するかということになる。公認心理師には，知識の普及も期待されるため，利用者の持つ知識をどれだけ事前に把握できるかが説明の良し悪しを決定するといってもよいだろう。利用者の知識を見誤ってしまえば，いくら丁寧に説明したとしても，本来伝えるべき内容がうまく伝わらない事態も生じうるわけである。

　ただし問題なのは，利用者の知識や経験をある程度把握できていたとしても，説明者は利用者の理解状況を誤って判断することがあるということである。例えば，チーら（Chi et al., 2004）は，大学生が中学生に対して教えるという場面を設定し，説明者と学習者の理解度のズレについて分析した。説明の途中で，大学生に中学生の理解度を判定させたところ，中学生の理解度を過剰に見積もっていることが明らかにされた。つまり，説明者は自分のした説明によって，実際よりも「わかっているだろう」と認識しがちだということである。しかも残念なことに，こうした理解の誤認識は，説明のプロであるはずの教師にも見られることも指摘されている（Nathan & Koedinger, 2000）。

　このような誤認識が生じる原因の1つは，説明者が自分を基準にした評価を行っていることにある（Chi et al., 2004）。確かに説明場面では，利用者の理解状況をいちいち確かめることができないことが多い。そのため，説明者は対象の知識や概念を自分がどのように理解してきたかといった観点から説明を構成し，その観点から利用者のことを評価するわけである。教師にも誤認識が生じるのは，教師がこれまでの経験でつくり上げてきた生徒像に基づいた説明をするからであろう。自分を基準にしたものであるからこそ，あたかも共通基盤が形成されたかのように認識され，その不備に気づきにくいのである。

　筆者は大学の講義の中で，各人に配布された図形を隣の友人が再現できるように説明しなさいという課題をやってもらうことがある。講義の中という制約

上,口頭説明ではなく筆記説明で行うが,提出された説明文を読むと,情報量が驚くほど少ないものが多い。例えば,両義的図形として有名な図(アヒルにもウサギにも見える図)を課題にすると,「アヒルが横を向いている絵。目は真ん中で黒く塗りつぶされている」といった説明だけで終わらせる人もいる。これだけでは,そもそも頭部だけの図であることなど,重要な情報が欠落しているため,友人がその説明に基づいた図を描くと,実にユニークな絵が再現されることになる(できあがった図がウサギに見えることは当然ない)。こうした現象が起こるのも,説明者が自分を基準にした見方をしてしまっているからであろう。

以上のように,私たちは口頭説明において,利用者の知識や経験に合わせて説明しようとするため,それが把握できないと内容の構成自体に不都合を感じるようになることがわかる。しかし一方で,私たちには,自分の行った説明がどのように利用者に伝わっているかを誤って判断する傾向もある。これらは矛盾しているように思えるが,いずれも利用者に配慮しているからこそ生じる問題である。利用者に合わせた説明を意識するからこそ,利用者の知識や経験を把握したいわけである。また利用者に合わせた説明をしたと思っているからこそ,誤認識になることもあると言えるだろう。重要なのは,「利用者に合わせる」といったときに,その基準が自分本位なものになっていないかという認識である。だからこそ,説明は共通基盤を形成するための協同活動という見方が有益になるわけである。協同といえるためには,説明者の中だけで基準を設けるだけでは不十分であり,利用者からの意見を取り入れ,つねに更新し続けていくという共通基盤の形成を目指す姿勢そのものが必要となる。これがまさに「利用者に配慮する」ということではないだろうか。

3. 説明により理解を促す

共通基盤の形成のために利用者の意見を取り入れていくという姿勢が重要であると指摘した。そのためには,利用者に適宜質問することも有効な手立てとなるが(Roscoe & Chi, 2007),本節ではそれ以外の手立てとして「利用者による説明」を取り上げたい。利用者による説明は,説明者にとって非常に有力

図8-2　伊藤・垣花（2016）の実験状況

なフィードバック情報となるのはもちろんのこと，利用者にとっても少なくとも以下に述べる2つの利点がある。

　1つは，説明による理解促進効果が見込めるということである。説明には，その内容を構成していく段階で，新たな情報を追加したり，知識を再構成したりするという知識構築的な活動（Roscoe & Chi, 2007）を促す働きがある。これが理解を促進するわけである。

　なぜ説明が知識構築的な活動を促すのかについて，伊藤・垣花（2016）は，説明者のもつ聞き手の理解不足の兆候への敏感性を挙げている。大学生ペアを説明者と聞き手に分け，説明活動を行わせる。その際，説明者には「相手が理解できていない」と感じたとき，聞き手には「自分が理解できない」と感じたときに，実験者に向けて合図を送らせた。具体的には図8-2のようにブックエンドを利用して互いの合図を見えないようにすることで，両者の理解不足の検出をオンラインで把握する手法を用いている。その結果，説明者と聞き手の合図が一致することはあまりないこと（説明者の合図のうち聞き手の合図と一致したのは30％），聞き手よりもむしろ説明者の方が頻繁に合図を送っていることが示された。説明者に合図の理由を聞いたところ「自分の説明がうまく伝わっていないかもしれない」「自分の理解がむしろ不十分なことに気づいた」などが挙げられた。興味深いのは，これらの理由を挙げた場面について，聞き手の側では必ずしも理解不足を認識していないことである。前節で述べたよう

に説明者は必ずしも正確に聞き手の理解状況を把握できるわけではない。しかしだからこそ，こうした理解促進効果が生まれるとも考えられるのである。

説明による理解促進効果は，もとは自分自身に対して説明するという自己説明効果（Chi et al., 1989; Chi et al., 1994）として知られるようになった。これに端を発し，学習者自身に説明を促すことの効果がさまざまな場面で確認されている（伊藤, 2009参照）。本来は説明の受け手として認識されている利用者にも積極的に説明を促していくことが，利用者自身の理解促進に寄与する可能性がある。

もう1つは，説明には利用者自身も認識していないような理解のギャップに気づかせる働きがあるという点である。教授学習に関わる研究では，私たちがいかに「わかったつもり」に陥りやすいかが指摘されている（西林, 1997）。つまり本人としては十分に説明内容を理解していると考えていても，その理解が不十分であることが多いということである。説明には，構成のプロセスにおいて自己の理解状況のモニタリングを促す働きがあり（深谷, 2012），「わかったつもり」を脱するきっかけとなる（田島・茂呂, 2006）。図8-2で示した伊藤・垣花（2016）では，合図の理由に「自分の理解がむしろ不十分なことに気づいた」とあったが，まさにこの働きが表れた瞬間を捉えたものだと言えるだろう。

前節で述べたように，説明者は利用者の理解状況を把握しようとしてはいるものの，その把握が十分でないことが多い。利用者本人が「わかっていない」ところを「わかっているだろう」と誤認識することはもちろん問題である。一方，利用者本人が「わかったつもり」になっているものを「わかっているだろう」と考えるのは，一見すると間違ってはいないからこそ，ここには厄介な問題が潜んでいると言えるだろう。だからこそ，利用者にも説明を促し，互いの認識のすり合わせをしていくという姿勢が求められるわけである。

なお，利用者による説明には説明者自身にとって，単に利用者の理解状態を知ること以上の効果をもたらす可能性がある。近年，説明終了後の学習者の行動から得られる再帰的フィードバック（recursive feedback）が，説明者自身の理解促進に有効であるとの指摘がなされている（Okita & Schwartz, 2013）。つまり，教えた成果について確認する機会こそが説明者に有益に働く

ということである。オキタとシュワルツ（Okita & Schwartz, 2013）は，大学生を対象とした実験によって，再帰的なフィードバックが，直接的フィードバック（説明中に得られるフィードバック）よりも，説明者自身の振り返りにつながりやすいことを明らかにしている。利用者による説明とは，説明者にとって再帰的フィードバックに相当するため，これが説明者の誤認識を改める一つの契機になることも期待される。

　当然のことながら，利用者に説明を促すのは時間もかかり，利用者自身にとっても負担となる。したがって，いつでもそれが可能というわけではない。しかし，説明が説明者からの一方的な情報の伝達というイメージがあるからこそ，利用者自身による説明という手立てがあるという認識をもつことが大切になる。公認心理師にとって，カウンセリング場面で重視される傾聴の姿勢はなじみ深いものであろう。カウンセリング同様，説明はあくまでも協同活動による共通基盤の形成なのであり，説明者が一方的に役割を果たすのではなく，利用者の意見を尊重しながら進めていく活動だとの認識をもつことが重要である。

公認心理師への提言

　口頭説明の場は，普段の何気ない会話から突然立ち上がってくることも多い。突然だからこそ，素の状態で臨んでしまうことも多いだろう。また，その場限りのものだからこそ，じっくり考えていれば，およそしないような発言や反応が出てしまうこともあるのも事実である。

　公認心理師は心理の専門家であるからこそ，利用者のことをよく理解しているだろうという錯覚に陥りやすい存在であるとも言える。特に経験を積めば積むほど，自分の中にある利用者像が固定化される恐れもあるため注意が必要である。

　一方で，公認心理師は相手のことに寄り添おうとする姿勢も併せもっている。こうした姿勢をつねに意識し，自分本位の説明になっていないかを確認し続ける必要がある。重要なのは，口頭説明をその場限りの過ぎ去ったものとして捉えるのではなく，つねに反省的に振り返ってみることである。そのための1つの手法として，利用者に説明させてみることもまた説明者自身の振り返りに有効である。

読書案内

比留間 太白（2002）．よい説明とは何か——認知主義の説明研究から社会的構成主義を経て——関西大学出版部 （推薦理由：説明研究がどのように進められてきたかについて，「よい説明」に焦点を当てつつ，認知主義から社会的構成主義まで幅広く，かつ詳細にまとめられている。説明のプロセスに特化した書籍としては類を見ないものである。）

文　献

Chi, M. T., Bassok, M., Lewis, M. W., Reimann, P., & Glaser, R. (1989). Self-explanations: How students study and use examples in learning to solve problems. *Cognitive Science, 13*(2), 145-182.

Chi, M. T., De Leeuw, N., Chiu, M. H., & LaVancher, C. (1994). Eliciting self-explanations improves understanding. *Cognitive Science, 18*(3), 439-477.

Chi, M. T., Siler, S. A., & Jeong, H. (2004). Can tutors monitor students' understanding accurately? *Cognition and Instruction, 22*(3), 363-387.

Clark, H. H. (1996). *Using language*. Cambridge, UK: Cambridge University Press.

Clark, H. H., & Brennan, S. E. (1991). Grounding in communication. *Perspectives on Socially Shared Cognition, 13*, 127-149.

Clark, H. H., & Schaefer, E. F. (1989). Contributing to discourse. *Cognitive Science, 13*(2), 259-294.

Clark, H. H., & Wilkes-Gibbs, D. (1986). Referring as a collaborative process. *Cognition, 22*(1), 1-39.

深谷 達史（2012）．理解モニタリングの諸相——オンライン・オフラインモニタリングの関係に着目して——　心理学評論, 55, 246-263.

比留間 太白（2002）．よい説明とは何か——認知主義の説明研究から社会的構成主義を経て——関西大学出版部

伊藤 貴昭（2009）．学習方略としての言語化の効果——目標達成モデルの提案——　教育心理学研究, 57, 237-251.

伊藤 貴昭・垣花 真一郎（2016）．説明行為における聞き手の理解状況に対する推論と説明内容の関係　読書科学, 58, 17-28.

Nathan, M. J., & Koedinger, K. R. (2000). An investigation of teachers' beliefs of students' algebra development. *Cognition and Instruction, 18*(2), 209-237.

西林 克彦（1997）．「わかる」のしくみ——「わかったつもり」からの脱却——　新曜社

Okita, S. Y., & Schwartz, D. L. (2013). Learning by teaching human pupils and teachable agents: The importance of recursive feedback. *Journal of the Learning Sciences, 22*(3), 375-412.

Roscoe, R. D., & Chi, M. T. (2007). Understanding tutor learning: Knowledge-building and knowledge-telling in peer tutors' explanations and questions. *Review of Educational Research, 77*(4), 534-574.

田島 充士・茂呂 雄二（2006）．科学的概念と日常経験知間の矛盾を解消するための対話を通した概念理解の検討　教育心理学研究, 54, 12-24.

Wittwer, J., Nückles, M., Landmann, N., & Renkl, A. (2010). Can tutors be supported in giving effective explanations? *Journal of Educational Psychology, 102*(1), 74.

9章
文書説明の有効性

山本博樹：立命館大学

　公認心理師に課せられた説明責任は相談室の「内」だけではなく，「外」までも続いていく。大づかみに見ると，実は利用者が相談室を退室した後は，説明書が説明活動を支えているという側面さえある。そこで，本章では公認心理師の文書説明に注目し，その有効性を考えてみたい。公認心理師の説明活動を説明書が支えているとなると，彼らの職務に説明書の作成が加わると認識せざるを得ないが，この説明書の善し悪しを決めるのは利用者だという基本認識をもちたい。ゆえに作成のポイントは，利用者の支援ニーズを汲み取りつつ，彼らの個人差に応じて説明表現を使うことになる。本章ではこれを学習支援モデルに基づく説明書作りと呼ぶことにする。このモデルに基づき，公認心理師の採用するさまざまな説明表現（文書表現）が利用者の個人差との間で相互に作用し合い，有効性のメカニズムが作動したときに始めて，作成した説明書が利用者に働きかけることを論じたい。

1．利用者が決める文書説明の価値

　公認心理師の説明活動というと，音声を介した利用者への口頭説明だけがイメージされがちである。しかし，公認心理師の説明活動は文字を介した説明活動によっても支えられている。例えば，相談室のHP，心理療法についてのパンフレット，心理検査の手順説明書や注意書き，インフォームド・コンセントのための説明書などと，意外と多い。本章ではこれらを総じて説明書と呼び，広く文書説明の有効性を論じたい。

　この説明書とは，物事についての知識や情報を正確にわかりやすく人に伝える目的で書かれた文書だから（岸, 2004），この質を高めることで公認心理師の説明責任がより遂行できるだろう。この意味で，公認心理師は「ライター」で

もあると言える。もちろん，口頭での説明で済めばよいが，文字を読んでわかって欲しいと考える場面がいかに多いかということでもある。例えば，初回の面接時から説明書の力を借りたいと思う場面に出くわす。利用者と契約を結ぶにあたり，守秘義務やその例外，料金，キャンセル等について説明する場面がそれである。

　その後，心理療法や検査が始まるにつれて，その意図や手順を示すために説明書の役割は高まっていく。一例として認知行動療法の場合を挙げると，「宿題」と呼ばれる課題が面接と面接の合間に課される。ベックら（Beck, Rush, Shaw, & Emery, 1979）が言うように，「宿題」は認知行動療法が奏功するために必須であり，自宅で実行するのである。利用者が一人で不安を感じずに実行するには，手順説明書を読んでもらう必要がある（この点は後述したい）。また，心理療法や検査が終わると，利用者（患者）の心を代弁しながら状況や処遇方針を医師に伝える説明書（報告書）も書かねばならない（山本・山本, 2002）。

　以上のとおり作成する説明書は多様だが，共通するポイントがあり，読み手が「明らかになる」ことだ。「説明する」を意味する explain は，完全にするという「ex」と，明らかを意味する「plain」からなるから（比留間, 2002），説明書でも「明らか」になることが大事になる。ただ「明らか」になることは読み手の主体に属するから，読み手が主役であり，コー（Coe, 1996）が言うように「最後の審判」なのである。心理的支援の場合は利用者が「最後の審判」となるはずである。ところが，心理的支援の目的や手順を伝える説明書を読む利用者が「明らかに」なっているとは言いがたい状況が問題なのである。

　事例1を見ていただきたい。これは心理療法の趣旨説明であり，ここでは「認知」等の専門用語が登場するが，専門知識の乏しい利用者は一つ一つの意味を積み重ねながら読むだけで，浅い理解にとどまってしまいがちである。実は心理的支援を要する利用者の大部分は知識をもたない「初心者」であるから，記載された心理学用語が未知となり「明らかで」なくなるからだ。「明らかでない」状態は不安を感じやすいという指摘もあるから（野呂・邑本・山岡, 2012），問題なのである。「明らか」という点を利用者の理解という観点から心理学的に捉え，考えてみる必要がありそうである。

事例1：「認知行動療法の趣旨説明」の例
　落ち込んだり，不安になったりすると，現実的でない自動思考をしてしまうことがある。こうした認知の歪みは身体的・精神的な悪影響をもたらし，さらに現実的でない自動思考を生む悪循環をもたらしてしまう。こうした認知の歪みを解きほぐすために，思考など認知に焦点を当てることで発展してきた心理療法が認知行動療法である。

　理解の観点から考えるにあたり，「わかりにくい」表現を改善する基本をおさえておきたい。まず事例1の「認知」のように単語のレベルで「わかりにくい」場合である。「認知」は未知の者にはわかりにくいが，例えばだれもが知っている映画館の「客席からの見え方」にたとえ，「座席を移動すると見え方が変わる」ように「見え方（捉え方）のことだ」と，たとえを使って説明するとわかりやすくなる。これ以外にも「わかりにくさ」を改善する表現はあって，山本・海保（2001）が提言している。例えば，文の長さ（45字以内），漢字の含有率（3割程度以内），1文1義（1つの文で1つの意味），肯定文の採用（否定文を不必要に使わない）など，である。説明書が「わかりにくい」と読む気力も萎えていき，最後まで読み切れなくなる。ライターとして「わかりにくさ」を改善することは説明責任の完遂につながるのである。

　しかし，である。本当に，利用者に「わかりやすく」なったのであろうか。ノーマン（Norman, 1988）は書き手の錯覚かも知れないと，批判する。書き手は相手の理解状態を捏造しがちだからである。特に心理的支援の利用者の場合は主訴を抱えており，これに起因する理解不振に陥る場合もあるから，ただ表現を整えただけでは無効である。例えば，鬱症状を訴えて来談した中高生の場合は主体的な認知活動が低下するが（児玉・石隈・外山, 2017），これを汲み取り，説明書を作成しているとは思えない。利用者の理解状態を把握し，いかに「明らかに」できるかを熟慮すべきである。この点から，いよいよ本題に入りたい。

2．利用者の支援ニーズに応える説明書

　利用者の理解状態を捏造しないで説明書を書くためには，利用者の発する

9章　文書説明の有効性

「××をわかりやすくして欲しい」という支援ニーズに耳を傾け，これに応えることが大事だとシュライバー（Schriver, 1997）は主張する。本章ではこれを学習支援モデルに基づく説明書作りと呼ぶことにし（山本，2010），公認心理師の文書説明を考えていきたい。

ここではまず，利用者の支援ニーズを汲み取る簡便な方法を紹介したい。図9-1はメイヤー（Mayer, 2008）が示した理解過程のモデルである。3種類の過程からなっていることがわかるだろう。つまり，目から入る語の中で特定の語に注意を注ぎ（選択），イメージの形で作業記憶に蓄えると（口頭説明は音声の形），体系化して言語表象（言語モデル）を構築し（体制化），それを自らの既有知識と関係づける（統合）という「選択-体制化-統合」のプロセスである。

このモデルを用いて，支援ニーズを汲み取るのである。例えば，印字が悪くて読みにくく目を凝らしている利用者に出合うことがある。これは選択過程でつまずいた場合だが，読み手は目を凝らすという主体的な解決方法（方略）を用いている。「目を凝らす」は選択方略と呼ばれる主体的な解決方法であり，正確には注意焦点化方略と呼ばれる。これが使われていることから，「大事な文字が読みにくく困っていて，注意が向くように手助けして欲しいのだな」と汲み取るのである。

支援ニーズが汲み取れると，次に利用者への支援が発動できる。利用者の支援ニーズに応える説明表現の原則を簡潔にまとめてみたい。

第1に，選択過程の支援ニーズに応える場合である。代表例として，先の注意焦点化方略に着目したい。上述のように，注意焦点化方略への支援ニーズを汲み取ると，この支援が発動できる。提案したい説明表現は強調である。例えば，事例1で，「認知」や「自動思考」などの重要情報を太字にするのである。また，予告情報（「これから認知行動療法の趣旨を説明します」）も有効であり，これにより認知行動療法に関わる重要情報に注意が向きやすくなる。

第2に，体制化過程の支援ニーズに応える場合である。事例2のように心理療法の手順で全体的な流れがわかりにくい場合は多い。このとき，読み手は大づかみに「手順1-手順2-手順3」のように構造を捉えて利用できるとよいのである。これが構造方略であり（山本・織田・島田，2018），ここから構造方

2．利用者の支援ニーズに応える説明書

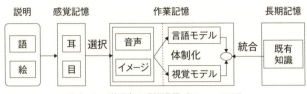

図9-1　説明書の理解過程（Mayer, 2008）

略への支援ニーズを汲み取る。この支援で期待されるのが，見出しや余白行などを用いた構造の強調である（図9-2）。これは標識化と呼ばれるが，標識化を用いると，利用者は構造方略に切り替えやすくなる。詳細は後述するが，見出しの字体や文字サイズを変えることも有効だと言われてきた。

事例2：「認知行動療法のすすめ方」の説明書の例
　まず，あなたのストレスに気付いて問題を整理してみましょう。次に，その問題がどのような感情を引き起こすか調べます。それから，自動思考が感情やどのように影響しているのか調べます。また，あなたの自動思考の特徴的なくせに気付きましょう。さらに，自動思考と現実がズレないように見方を変える練習をします。最後に，考え方が変わってきたら問題自体の解決法も練習しましょう。

1．問題を調べる
　・あなたのストレスに気付いて問題を整理してみましょう。
　・その問題がどのような感情を引きおこすか調べます。
2．影響に気付く
　・自動思考が感情にどのように影響しているのか調べます。
　・あなたの自動思考の特徴的なくせに気付きましょう。
3．練習をする
　・自動思考と現実がズレないように見方を変える練習をします。
　・考え方が変わってきたら問題自体の解決法も練習しましょう。

図9-2　標識化した「認知行動療法のすすめ方」の説明書

　第3に，統合過程の支援ニーズに応える場合である。例えば，認知行動療法の「宿題」の意図を理解できず，自分の知識・経験と結び付けられない利用者がいたとする。彼は統合過程につまずいており，図9-1で関係づけと呼んだ

統合方略が使えていない。この支援ニーズに応えるには、先行オーガナイザーが有効であると言われている（山本，2010）。例えば，利用者に「学校の宿題」を思い起こさせるイラストを提示し，関係づけしやすいように事前情報を与えるのである。ただ，「学校の宿題」とは違い，気楽に取り組んで欲しいと安心させることは重要だ。

以上はポイントに過ぎない。説明表現の詳細については，児童生徒に関しては山本（2010），成人はライト（Wright, 1999），高齢者はハートレイ（Hartley, 1994）や山本（2009）を参照してほしい。

3. 利用者の個別性に応える説明書

3つの理解方略を支援するように説明書を書くと，利用者の理解は高まると述べた。しかし，公認心理師にとって重要なのは目の前の利用者に対して有効か否かという個別性の問題である。実は，ここでは単純な効力観が通用しないから難しいのである。なぜなら，理解方略という主体的な活動は，主体的ゆえにどうしても個人差が介在するからである。

簡潔に，最も研究の進んでいる構造方略を例（図9-2）に，解説したい。構造方略を支援するために見出しを太字や下線で強調すればよいと言うが，そうしてもつねに効果は発現しない。構造方略の発達段階に応じて効果の現れが異なるからである。標識化の効果は，「構造方略をもつが自発的に使えない発達段階（産出欠如段階）の者」に限り有効であり，構造方略を本当にもたない段階（媒介欠如段階）では無効だし，自発的に使用できる段階では無用だからである（山本・織田・島田，2018）。

となると，高校生では構造方略を本当にもたない者が多いが，彼らに標識化は無効となる。むしろ理解を低下させるという知見さえあるのである。よって高校生以下の児童や生徒に説明書を作る際には特に気を付けたい。また，構造方略は生涯を通じて緩やかに発達する。このため，メイヤーとポラード（Meyer & Pollard, 2006）は，高齢者が，言語能力，認知的加齢，教育歴，方略訓練などの影響を被るという点をおさえるべきだと主張している。

こうした個人差による効果の違いは選択方略でも認められる。すでに注意焦

3．利用者の個別性に応える説明書

点化方略を例示したが，マクナマラら（McNamara, Ozuru, Best, & O'Reilly, 2007）によると，この習得は中学生の初めだから，これ以前は要注意である。また，高齢者の場合には無関係な語句を強調するとそちらに処理資源が奪われる危険性もある。他方，統合方略では関係づけを支援する先行オーガナイザーの有効性を示したが，これは小5でも有効だが，知識の豊かな高齢者は支援を要しないから発現しにくいのである（山本, 2009）。

以上の知見から得る教訓は，利用者の個人差によって説明表現の効果が昂じたり減じたりするという事実である。これを調整効果と呼ぶ。この点から考えていくと，公認心理師の文書説明においては最も難しい問題に出合うことになる。それは，利用者の個人差と呼びうるものの中には，主訴が含まれる点である。主訴に起因する理解不振に応えるがゆえに，説明表現の効果が調整されることが考えられるからである。しかし，この点の研究はほとんど進んでいない。

主訴に関連する難しさをもう1つ加えて本書を結びたい。それは，利用者にとっては理解が最終目的でない場合がある点である。例えば認知行動療法でアサーショントレーニングを「宿題」とした場合，利用者が理解できれば終わりではない。自宅に持ち帰った後で，説明書を「公認心理師の代役」に「できる」ようになることが本人にとっては大事になる。3点のポイントを示したい（山本・山本, 2002）。1つは，「1文1動作」主義である。利用者は「初心者」だから，1つの文に1つの動作を書くのである。2つは，「動作の目的を示す」こと。「何のためにするのか」と，読みすすめるうちに不安が増大しないように，冒頭に動作の目的を示す。3つは，「手順の流れに沿って説明する」こと。文末になって「#上記の手順の前に○○しておいてください」と書くと，○○を抜かすことになるからである。

本章では学習支援モデルの観点から，利用者の支援ニーズに応える文書説明の重要性を述べたが，利用者の個別の支援ニーズに応えることこそがポイントであると言いたいのだ。この際，最良の説明表現を選び，それらが利用者の理解方略とみごとに相互作用したとき，その説明書は利用者にとって強力な支援になるはずである。ライト（Wright, 1999）が主張するようにイラストなどで情緒面の充実も図る必要があろうが（第10章を参考），要は最後まで支援者と

して温かく説明を尽くすことである。説明者の態度が冷たいと情報の受容が不十分になり,理解が阻害されることにもなりかねないのである(野呂・邑本・山岡,2012)。

公認心理師への提言

公認心理師は利用者に口頭で説明するだけでいい,と思い込んでいないだろうか。確かに,相談室では口頭説明が欠かせないが,相談室を離れても利用者は「利用者」であり続けるのである。すると公認心理師の説明責任も持続するはずだが,その時の説明活動は説明書が支えていることを知って欲しい。この思いを抱いて,改めて公認心理師の説明活動を眺めてみると,その説明活動を予想外に多くの説明書が支えていることに気づくだろう。こう気づいたときに,説明書を作ることさえも公認心理師の職務なのであり,ゆえに自分はライターでもあるのだと自覚して欲しいのである。本章では,公認心理師が「本当の」ライターとして職務を遂行するための基本を述べた。もちろん,公認心理師は心理的支援を提供するのだから,説明書を提供する際にも支援者でいて欲しいと願うからである。繰り返しになるが,以下の諸点を大事にして欲しい。

①説明書の善し悪しは利用者が決めること
②彼らの理解状態を汲み取り理解方略を支援すること
③利用者の主訴に応じて最終的な目標達成の支援に傾注すること

読書案内

テクニカルコミュニケーター協会(監修)岸 学(編)(2008).文書表現技術ガイドブック 共立出版 (推薦理由:利用者を支援するという思想は本書に通底する。ぜひ説明書を作成するプロの技術を公認心理師の文書作成に取り入れて欲しい。文書作成の理論と実践が学べるガイドブックである。)

文 献

Beck, A., Rush, A., Shaw, B., & Emery, G. (1979). *Cognitive therapy of depression*. New York, NY: Guilford Press.
Coe, M. (1996). *Human factors for technical communication*. New York, NY: John Wiley & Sons.
Hartley, J. (1994). *Designing instructional text* (3rd ed.). London, UK: Kogan Page.
比留間 太白 (2002). よい説明とは何か——認知主義の説明研究から社会的構成主義を経て—— 関西大学出版部
岸 学 (2004). 説明文理解の心理学 北大路書房
兒玉 裕巳・石隈 利紀・外山 美樹 (2017). 中学・高校生における学習の態度の認知・情緒・行動間の関連および学校段階間の差異 筑波大学心理学研究, 53, 33-40.

Mayer, R. E. (2008). *Learning and instruction* (2nd ed.). Upper Saddle River, NJ: Prentice Hall.
McNamara, D., Ozuru, Y., Best, R., & O'Reilly, T. (2007). The 4-pronged comprehension strategy framework. In D. McNamara (Ed.), *Reading comprehension strategies: Theories, interventions, and technologies* (pp.465-496). Mahwah, NJ: Lawrence Erlbaum Associates.
Meyer, B., & Pollard, C. (2006). Applied learning and aging: A closer look at reading. In J. Birren, & K. Schaie (Eds.), *Handbook of the psychology of aging* (6th ed., pp.233-260). San Diego, CA: Academic Press.
Norman, D. (1988). *Psychology of everyday things*. New York, NY: Basic Book.
野呂 幾久子・邑本 俊亮・山岡 章浩（2012）．インフォームド・コンセント口頭説明場面における医師の説明表現および態度が患者に与える影響――一般市民を対象としたビデオ視聴による調査―― 認知心理学研究, *10*, 81-93.
Schriver, K. (1997). *Dynamics in document design*. New York, NY: Wiley.
Wright, P. (1999). Designing healthcare advice for the public. In F. Durso (Ed.), *Handbook of applied cognition* (pp.695-724). Chichester, UK: John Wiley & Sons.
山本 博樹（2009）．高齢者の読解を支援する教材表現――「直接有効性仮説」に潜む問題―― 心理学評論, *52*, 400-410.
山本 博樹（2010）．教材学習と授業 髙垣 マユミ（編）授業デザインの最前線――理論と実践をつなぐ知のコラボレーション――（pp.104-118） 北大路書房
山本 博樹・海保 博之（2001）．人を動かす文章づくり――心理学からのアプローチ―― 福村出版
山本 博樹・山本 亜紀（2002）．報告書を書く・表示する・指導書をつくる ナーシング・トゥデイ, *7*, 25-29.
山本 博樹・織田 涼・島田 英昭（2018）．高校初年次生と大学生の説明文理解に及ぼす標識化効果の境界条件 心理学研究, *89*, 240-250.

10章
図表の有効性

島田英昭：信州大学

　本章では，説明における図表の有効性について議論する。図表はあらゆる説明において頻繁に使われ，その有効性が広く認められていると言ってよいだろう。説明のわかりやすさがますます求められるなかで，その活用範囲は今後も増加すると考えられる。そして，公認心理師に求められる説明においても同様に有効であると考えられる。

　説明における図表の役割については，心理学に限らずさまざまな観点から論じることができるが，本研究では認知心理学的視点，すなわち利用者の認知プロセスの観点から分析をする。そのなかでも特に，利用者に対する動機づけ支援と理解支援の2つに分け，それぞれの支援策について，具体的な事例や研究例を挙げながら論じる。

1. 説明における図表の2つの役割

　はじめに，本章が扱う「図表」の範囲を明確にしておく。一般的な文書による説明を考えると，その構成要素は連続型テキストと非連続型テキストに分けられる。連続型テキストは文章により表現されたものを指し，非連続型テキストは図表を含め，写真，挿絵など加えた，文章以外で表現されたものを指す。

　以後，本章で「図表」と表現する場合には，図表を代表とした非連続型テキストを指す。

　図10-1左は，地域に対する「心の健康教室」の案内文書を想定し，筆者が作成したものである。同図右は，同じ情報に対して表や挿絵を使わずに文章のみで説明したものである。説明内容によって図の有効性は異なるだろうが，これら2つを見比べるだけでも，図の有効性が感じられるのではないだろうか。

10章　図表の有効性

「心の健康教室」ご案内	「心の健康教室」ご案内
心の健康の保ち方について、公認心理師がアドバイスします。 講演者：○○大学□□△△氏 テーマ：日常生活の認知行動療法 日時　：8月20日（木）15:00～16:00 　　　　※事前申し込み不要 場所　：長野市民会館2階ホール 個別相談会16:00～17:00 個別相談がある場合には、事前にお申し込みください。 問い合わせ・相談申し込み 長野市役所○○係　担当：島田 026-***-**** *****@nagano.**.jp	心の健康の保ち方について、公認心理師がアドバイスします。 今回の講演は、○○大学□□△△氏が担当し、テーマは「日常生活の認知行動療法」です。講演日時は8月20日（木）15:00～16:00です（事前申し込み不要）。その後の個別相談会は16:00～17:00です。場所は長野市民会館2階ホールです。個別相談がある場合には、事前にお申し込みください。 問い合わせ・相談申し込み 長野市役所○○係　担当：島田 026-***-**** *****@nagano.**.jp

図10-1　「心の健康教室」の案内（筆者作成）
※図（イラスト）は「いらすとや」〈http://www.irasutoya.com/〉より使用

　ここから，なぜ図表が有効であるのか，さらに掘り下げて考えてみたい。図表の有効性を議論する枠組みはさまざまあるが，図表の機能を利用者の動機づけ支援と理解支援に分類して議論する。この分類は，島田・北島（2009）が文書に含まれる挿絵の機能を分類した研究に基づく。

　動機づけ支援とは，文書を読みたい，わかりやすそう，興味深いと思わせること等を指す。文書を読む比較的初期の段階で，利用者の比較的浅い処理，すなわち内容を十分に理解する前の，おおざっぱな処理を支援する。理解支援は，文書を読むプロセス全体において，利用者の比較的深い処理，すなわち記憶し，理解することを支援する。以下，それぞれの支援策について，具体的な事例や研究例を挙げながら論じる。なお，本章ではもっぱら文書説明を対象とするが，口頭説明やプレゼンテーションにも応用が可能である。

2. 動機づけ支援

[1] 読解初期の動機づけ

　利用者は，提供された文書をしっかり読んでくれるとは限らない。例えば，私たちがウェブニュースを読むことを考えてみよう。はじめに見出しを見て，もし興味があればクリックして読む。読み始めて興味がなければ，途中で読むことをやめてしまう。それでも興味が続いた場合に限り，はじめて精読が行われる。試験の問題文のように，読まないことによる不利益が明らかである場合には精読を前提としてもよいが，このような「読まれない文書」は身の回りに案外多い。ICT（情報通信技術）により情報量が格段に増えている現代では，その傾向がより顕著になっている。

　では，少しでも精読を促すにはどうすればよいだろうか。利用者が文書を読む認知プロセスを考えると，はじめにタイトル等のキーワードや文書全体を眺め，その内容が自分にとって必要なものかどうかを判断する。このプロセスは，新聞の折り込み広告やウェブサイトの広告のように，読んでもらえないことが前提である媒体で考えるとわかりやすい。島田・北島（2009）および島田（2016）は，広告が読んでもらえるかどうかは最初の1，2秒が重要であるという先行研究をもとに，文書の読解初期の2秒間にどのような情報処理が行われ，どのような文書が読んでもらえるのか，防災マニュアルを事例として実験的に検討を行った。その結果，文書に挿絵や写真が含まれると，よく読んでみたいという動機づけや，わかりやすそうだという主観的わかりやすさが増加することが明らかになった。

　2秒間でできることは，単語であれば5語程度を認識するに留まり，精読にはほど遠い。しかし，その短い一瞥の間にも，人間はさまざまな情報処理を行っている。すなわち，利用者は読解初期の数秒間の間に文章を読むかどうかを判断していて，そのなかでもごく初期では，挿絵や写真といった構成要素が動機づけに影響している。実験は挿絵と写真に限定されているが，この知見は図表一般に拡張できると考えられる。

[2] 動機づけを喚起するメカニズム

　図表が動機づけを喚起することを議論してきたが，そのメカニズムについてさらに掘り下げてみたい。島田（2016）は，次の2種類のメカニズムがあることを実験的に示している。1つは認知的メカニズムであり，説明を読む目的である「わかる」が達成できるかどうかの主観的予測を指す。例えば，図表が適切に配置され，内容が整理されている印象を受け，わかりやすそうと感じ，動機づけが高まるプロセスである。もう1つは感性的メカニズムであり，文書全体や図表の魅力による感情的な動機づけの高まりを指す。例えば，利用者の注意を引くような魅力的な絵や写真が含まれていて，おもしろそうだと感じ，動機づけが高まるプロセスである。

　認知的メカニズムは比較的高次で，意識的な傾向が強く，思考的なプロセスである。一方，感性的メカニズムは比較的低次で，無意識的な傾向が強く，感情的なプロセスである。島田（2016）は，説明文に通常含まれるタイトル（見出し）はもっぱら認知的メカニズムにより動機づけを高める一方，挿絵や写真は認知的メカニズムと感性的メカニズムの両方により動機づけを高めることを明らかにしている。

　ここまでに紹介した研究は読解初期に限定されているが，「読んでいるうちにさらに知りたくなってきた」といったように，動機づけが読解中に上昇することもある。より長い読解プロセスの中での動機づけに関する研究として，ハープら（Harp & Mayer, 1997）による実験がある。この実験では，雷のメカニズムの説明を題材に文章を作成し，その文章の内容を適切に反映する図を加えた文書と，必ずしも文章の内容を反映しているわけではないが，魅力的な写真を加えた文書の2つの条件を設定した。参加者は，どちらかの文書を読んだ後，質問に答えた。その結果，「このテキストにより理解が進みましたか」と聞かれる認知的興味は文章の内容を反映する図の方が高かったが，「この教材はおもしろいと思いますか」と聞かれる情動的興味は魅力的な写真の方が高かった。認知的興味が認知的メカニズムにより，情動的興味が感性的メカニズムにより生起すると考えれば，文章の内容を反映した図は認知的メカニズムにより，魅力的な写真は感性的メカニズムにより，動機づけを高めたと解釈できる。

[3] 動機づけを高める図表の実践

説明者から考えると，用意した文書はすべて精読してもらえると考えがちであるが，必ずしもそうではない。この前提のもとで業務を円滑に進める第一の策は，利用者の理解が不十分でも問題が起きない仕組みで運営することであるが，これは本章が扱う内容ではない。しかし，そのなかでも利用者の理解を深めることができれば，問題が起こる可能性を低下させることができる。図表の活用により，利用者の動機づけを高め，理解を促進する可能性がある。

近年では，何らかの説明文書を作成する際には，パソコンを使って作成することが一般的だろう。図表をゼロから作ることは大変な作業であるが，インターネット上には使える無料素材が充実しており，挿絵等を添えることが簡単にできる（ただし著作権には注意をしてほしい）。ちょっとした一手間で，読んでもらいやすい文書を作ることができるようになった。

また，スマートフォンで写真を撮影し，それを挿入するといったことも簡単にできるようになった。感性的メカニズムで，写真が文書に対する動機づけを高める効果が期待できる。ただし，感性的メカニズムをねらった魅力的な図表は文章の内容を適切に反映することが困難なケースもあり，次節で述べるように理解を阻害するケースがあるから，バランスを考えて使う必要がある。

3. 理解支援

[1] 図表による理解の促進効果とその認知プロセス

岩槻（1998）は，説明文に要点をまとめた図表を添付すると，文章のみの場合に比べて記憶や理解が促進されることを，架空の薬の説明を事例として実験的に示した。さらに岩槻（2006）は，デジタル音源の仕組みを題材として，文章が表す内容をよく反映したグラフを添付することで，利用者の理解が促進されることを示した。このような証拠は数多くあり，図表が理解を促進するという知見は確実である。

では，なぜ図表は理解を促進するのだろうか。このトピックについてはさまざまな議論がされているが，いくつかピックアップしてみる。

①図表は文章で表現しにくい関係性を表現できる。表10-1は，先の岩槻

10章　図表の有効性

表10-1　2次元的関係を表現した表（筆者作成）

種類	対象者	時間（分）	料金（円）
初回面接	大人・子供	90	8000
継続面接	大人・子供	60	5000
行動トレーニング	子供	60	5000
保護者面接	大人	60	5000
家族面接	夫婦・親子	60	6000
コンサルテーション	教師・保育士等	60	6000
集団面接	大人（3〜5名）	90	3000
スーパーヴィジョン	心理支援専門家	90	6000
知能検査	大人・子供	60	4000〜6000
パーソナリティ検査	大人	60	4000〜6000

　自閉症スペクトラム障害は，コミュニケーションの苦手，感覚・知覚の過敏性，限定された興味を持つ。ADHD（注意欠如・多動性障害）は，注意の持続・選択の苦手，多動（じっとしていることが苦手）を持つ。SLD（限局性学習障害）は，読み，書き，計算等特定の認知活動の苦手を持つ。これらの障害は重複することがある。

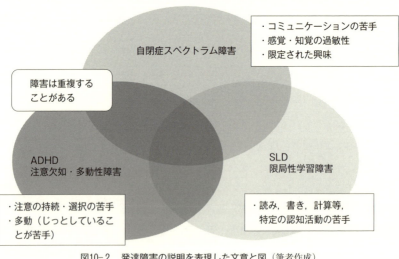

図10-2　発達障害の説明を表現した文章と図（筆者作成）

（1998）が指摘している，表が2次元的関係性を表現できるというメリットを表現するために，心理相談の料金表を事例として筆者が作成したものである。また，図10-2は，発達障害の説明文章を図に表現したものである。文章で

は，どうしても情報を系列的に表現せざるをえない。例えば，情報をABCDE・・・と系列的に表現したとき，AとBの関係は理解しやすいが，AとEの関係は理解しにくい。一方で図表は，AとB，AとEの関係性を同時に表現でき，利用者の理解を促進する。

②図表は情報の検索性が高い。例えば，図10-2の文章からADHDの特徴について情報を参照しようとするより，図からその情報を拾った方が早いケースが多い。文章ではすべての情報が単一系列の中で配置されているので，重要な情報が埋もれてしまう。一方，図ではキーワードを目立つ位置に置くといった配慮が可能である。

③図表は注意を引く。そのため，図表に重要な情報があると，利用者の理解のプロセスをある程度コントロールすることができる。特に，先行オーガナイザーとしての働きが期待できる。先行オーガナイザーとは，後に続く説明の概要や枠組みをあらかじめ得て，理解を促すものである。例えば，図10-2を見ると，3つの要素について説明されていることが一目でわかる。

[2] **図表により理解が阻害されるケース**

図表は理解を促す強力な道具であるが，逆に理解を阻害する場合もある。例えば，先に挙げたハープら（Harp & Mayer, 1997）の雷のメカニズムに関する説明実験では，単に魅力を高めるためだけの写真は理解を低下させることが示されている。その理由は，後に続く説明の理解に役立たない余計な図表が注意を引き，不適当な情報が優先的に処理されてしまうからであり，時には誤解を与えてしまう原因にもなる。よくある失敗として，プレゼンテーションでもたびたび起こるが，感情的な動機づけを高めるために内容とはあまり関係がない挿絵を数多く文書に入れてしまうということがある。図表は適度の使用を心がける必要がある。

[3] **理解を促進する図表の実践**

ここまでに見てきたように，図表は理解を促進させる強力なツールである。ただし，図表はその使い方を誤ると逆効果のこともある。適切な図表を作成する際には，次の点に注意したい。

10章 図表の有効性

　第1に，説明者が説明内容をしっかりと理解することである。理解が不十分なままでは，説明内容を適切に反映した図表にはならない。特に，図表は要点を示すことが求められるから，説明者が説明の全体像を理解し，要点を理解している必要がある。第2に，説明内容が本当に図表を必要としているかどうかを判断することである。内容によっては文章表現が適している場合もあるから，無理矢理に図表を使う必要はない。

公認心理師への提言

　文章や口頭の説明に図表を加えることは，それなりに手間のかかる作業となる。1回1回の説明を考えると，口頭や文章で済ませてしまった方が楽なケースも多い。しかし，ここで一手間かけて，ぜひ図表を使ってみてほしい。その理由は次の2点である。

　1つは，現代では図表の作成や利用を支援する環境が整っているからである。筆者はパワーポイントを使って図を描くことが多いが，ツール（ソフトウェア）は使いやすいものを使えばよい。筆者は美術の成績で2を取ったことがあるほど絵が不得手だが，図表の作成を繰り返すうちに，それなりの絵が描けるようになった。ツールの使い方をいったん習得すれば，その後も継続してそのスキルが生きる。芸術的なセンスがある方は，手書きの図を使ってもよいだろう。著作権には注意してほしいが，インターネット上で自由に使える素材も増えている。

　もう1つは，同じ説明や類似の説明を繰り返す場面は案外多く，一度作ってしまえば繰り返し利用できるからである。筆者は家電等のマニュアル作成の実務者と仕事をすることがあるが，マニュアルの出来が悪い場合には，コールセンターが忙しくなり，人件費がかかるとのことである。しかし，よい説明があれば，コールセンターの混雑は解消される。説明の効率化の波及効果は大きい。

　少々の失敗はあるかもしれない。しかし，図表のメリットは大きい。ぜひ，ちょっとした手間を惜しまずに，図表の利用にトライしてほしい。

読書案内

藤沢　晃治（1999）．「分かりやすい表現」の技術——意図を正しく伝えるための16のルール　講談社　（推薦理由：ビジュアル表現を中心に，わかりやすい表現について解説している。実用を重視している本であり，心理学が中心になっているわけではないが，具体的事例を挙げながら，わかりやすい表現の理由を心理学的知見に基づき丁寧に説明している。）

Weinschenk, S. (2012). *100 things every presenter needs to know about people*. Berkeley, CA:

New Riders.（ワインチェンク, S.（著）武舎 広幸・武舎 るみ・阿部 和也（訳）インタフェースデザインの心理学——ウェブやアプリに新たな視点をもたらす100の指針　オライリージャパン）（推薦理由：心理学的知見に基づき，ビジュアル表現の手法が解説されている。また，ビジュアル表現だけではなく，あらゆる説明に応用できる技術が心理学的知見に基づいて解説されている。）

文　献

Harp, S. F., & Mayer, R. E. (1997). The role of interest in learning from scientific text and illustrations: On the distinction between emotional interest and cognitive interest. *Journal of Educational Psychology, 89,* 92-102.
岩槻　恵子（1998）.説明文理解における要点を表わす図表の役割　教育心理学研究, *46,* 142-152.
岩槻　恵子（2000）.説明文理解におけるグラフの役割——グラフは状況モデルの構築に貢献するか——　教育心理学研究, *48,* 333-342.
島田　英昭（2016）.教材の構成要素が読解への動機づけに与える影響　教育心理学研究, *64,* 296-306.
島田　英昭・北島　宗雄（2008）.挿絵がマニュアルの理解を促進する認知プロセス——動機づけ効果と精緻化効果——　教育心理学研究, *56,* 474-486.

11章
発話とジェスチャーの有効性

古山宣洋：早稲田大学

　心理カウンセリングで，教科書に書かれているからといって，普段ジェスチャーをしない人がいきなり使い始めても，うまくいかない。「傾聴を示すためにうなずきをしてあげなければ」と意識的になると，クライエントが伝えたいことを伝えるよりも前にうなずきが先走るなど，ぎこちなくタイミングがずれるといったことが起こってしまう。状況次第では，このちょっとだけ先走ったうなずきも功を奏するのかもしれないが，それが文脈を問わずに使われ，癖になってしまうと，むしろ逆効果になる。うなずきも含めて，ジェスチャーはただやれば良いというものではない。ジェスチャーは，「文法規則」をはじめ，明示的なルールがユーザー間で必ずしも共有されていないため，文脈にとても敏感な記号なのである。本章では，コミュニケーションのなかでジェスチャーが，発話とともに，どのように使用されているのかに関して行われた研究について紹介する。

1. ジェスチャーとは？

　筆者は，人と人とのコミュニケーションにおいて身体がどのように使われているのかを理解するため，発話とジェスチャーに着目した研究をしている。そのことを人に話すと，いわゆる面接，大学や塾などでの授業，公な場でのスピーチなどでうまく話すためにはどのようなジェスチャーをすれば効果的かといった質問を受ける。心理カウンセリングなどで有効なうなずきはどのようなものかと尋ねる人もいる。簡単な答えがあれば，こちらとしてもありがたいのだが，そうはいかない。普段，ジェスチャーをしない人がいきなりやり始めても，とってつけたようなものにしかならないからである。
　うなずき一つをとっても，心理カウンセリングにおいてセラピストは，クラ

イエントに共感していることを伝えたいという思いからか,あるいは,そうするよう教科書に書かれているからか,かなり意識的にうなずきをする傾向が強いようである。臨床心理学者との共同研究で10年以上も心理カウンセリングのデータを見せてもらっているが,クライエントが伝えたいことを伝えるよりも前にうなずきが先走るなど,タイミングがずれるといったことが起こるようなのである。状況次第では,このちょっとだけ先走ったうなずきも功を奏するのかもしれない。例えば,カウンセリングを重ねていくうちに,クライエントの語りは新たな情報ばかりではなく,すでに話したことを反復することもあるだろう。じっくりと耳を傾けていれば,文脈から,クライエントが次に何を言おうとしているかがある程度推測できるようになる。このような場合には,先回りしたうなずきは,むしろ共感してもらっているという印象を高めるのかもしれない。ただし,そのようなうなずきがいわば癖となり,条件が整っていないにもかかわらず先回りしてしまうと,クライエントとしては,本当に傾聴し,共感してくれているのかと訝しくもなる。うなずきも含めて,ジェスチャーはただやれば良いというものではない。ジェスチャーは,「文法規則」をはじめ,明示的なルールがユーザー間で必ずしも共有されていないため,文脈にとても敏感な記号なのである。

　本章では,コミュニケーションのなかでジェスチャーが,発話とともに,どのように使用されているのかに関して行われた研究について,ほんの触りだけにはなるが,紹介したい。その前にジェスチャーという語で何を意味しているのかをもう少し説明しておこう。

*

　発話とジェスチャーに関する研究では,ジェスチャーは,大きく分けると,「エンブレム (emblem)」,「類似ジェスチャー (iconic gesture)」,「直示ジェスチャー (deictic gesture)」の3種類に分けられる[1]。エンブレムとは,そのかたちと意味の関係について,それを使う共同体内で共有された恣意的な取り

---

[1] ここでは紙幅の関係で簡単な説明のみにとどめるが,詳しくは,古山 (2012),McNeill (1992, 2005), Kendon (2004) なども参照してほしい。この他,発話をともなわない「パントマイム」,音声学における「構音ジェスチャー」,PC・スマホを操作する際の「ジェスチャ」といったものもあるが,ここでは対象外とする。

決めがあるジェスチャーである（古山, 2012）。例えば，OK サインやVサインなどが挙げられる。

　一方，類似ジェスチャーは，そのかたちと意味の間に社会的な取り決めがないかわりに，指し示すモノやコトとなんらかの点で似ていることが，指示作用の根拠となるジェスチャーである。握りこぶしを，歯ブラシを握った手にみたて，歯磨きするときのように動かせば，そして適切な文脈があれば，それは歯磨きを模した類似ジェスチャーとして使用できる。

　「直示ジェスチャー」は，指差しないしはポインティングを代表とするジェスチャーで，かたちについては，人差し指のみピンと伸ばし，他の指は折りたたむという標準型が存在し，共同体内で共有されている。ただし，いわゆる手差しや，やや無作法にはなるものの，顎や視線によるポインティングなど，亜種が存在する。指示対象は，ポインティングされた方向に存在するモノやコトである。類似ジェスチャーとは異なり，手のかたちとの類似性はなくて構わない。人差し指の先にコップがあればコップを指すといった具合である。なお，発話とともに何もない空間をポインティングすることで，そこに何かがあることを想定するという使われ方もする。2つの立場や仮説を説明する際に，それぞれを左右の空間に配置したり，道順の説明をする際に，あるランドマーク（例：交番）を話者の中央に配置し，それとの関係で，別のランドマーク（例：郵便局）を置くといった具合である。これは，抽象的直示ジェスチャー（abstract deictic gesture）と呼ばれている（McNeill, 1992）。

　これらのジェスチャーは，指示対象についての取り決めがあるエンブレムも含めて，手話や音声言語のように，品詞があるわけではないし，どういった順序で並べなければならないといったいわゆる文法的な規則も存在しない。言語記号に比べれば，かなり質素なつくりになっている。しかしながら，発話とともに使われることで，発話のみの遣り取りだけでは説明できない情報の伝達，さらには社会的な行為がなされる。そのプロセスを，読者とともに見ていきたい。

2. ジェスチャーは有効なのか？

　ジェスチャーは有効なのか？　もし是だとすれば，それはどのように社会的な相互行為を支えているのだろうか？　発話とジェスチャーに関する研究の草分け的な存在である David McNeill は，Chicago 大学の同僚である Starkey Duncan らが1970年代に対面相互行為に関する研究のために録画した映像データ（Duncan & Fiske, 1977）から短い断片を抜粋し（表11-1），その会話について実に30年以上にわたって分析を続けている（McNeill, 1987, 1992, 2003, 2005, 2016）。この長い時間の経過の中で理論や観点の変更が加えられ，それにともなって問われるクエスチョンや分析の焦点，考え方も変化してきた。特に1992年本では，McNeill 自身が述べるように「読心」（mind reading）という観点から分析しているのに対し，2005年本では，社会的相互行為（social interaction）に重心を置いている。その変遷をまとめて辿ることは，ジェスチャー研究史としても興味深い。そこで，以下，主に1992年本と2005年本の分析を比較検討し，相互行為におけるジェスチャーがどのように理解できるのかを見ていきたい。

　まずは，McNeill（2003, 2005）を参考にデータの背景情報を述べておく。この会話に参加したのは，Chicago 大学に所属する2人の男性大学院生であった。2人は，事前に面識がなく，顔合わせの際に，A氏が法律，B氏が社会福祉を専門とする院生であることを伝えられたほかは，ただ椅子に座り，ビデオカメラの前で「会話をするように」教示されただけであった。こうして2人は共通の話題を探すことになり，A氏はB氏の学歴を尋ね始めた。B氏はあまり乗り気ではなかったが，A氏は，途中脱線しながらも，B氏の履歴追求を続行し，遂にはB氏が出身校を白状するところまで追い込んだ。B氏はなぜA氏の追求に屈したのか？　McNeill は，この問いに答えるには，発話だけではなく，ジェスチャーを参照する必要があると言う。

　まずは，「読心」を方針とする1992年の分析から見ていこう。質的な分析を正確に伝えるため，間に解説を挟みながらも，McNeill（1992）の説明を細部まで忠実に再現する。

2．ジェスチャーは有効なのか？

表11-1　A氏とB氏の会話と指差し（発話中［　］内は指差しが生起）

A氏	B氏
(1) is this your first year [here]? ここでは今年が最初ですか？ *指差しは，A氏自身の足元に	
(2) or [where did you] come from before? というか，出身はどちらですか？ *指差しは，A氏とB氏両者共有の相互行為空間に。指は円弧を描いている。	
	(3) um Iowa. I lived in Iowa えっと，アイオワ。アイオワに住んでいました。
（中略）	
(4) how do you like Chicago compared to …に比べてシカゴはいかがですか？	
(5) did you [go to school thére] or uh そちらでは学校は通っていたんですか？ *2度の指差しは，共有空間の下の方に	
	(6) I did go to school [there] 私はそこで学校に通いました。 *指差しは，共有相互行為空間の上の方に
	(7) [I wént to school hére] 私はここで学校に通いました。 *指差しはB氏の左側に
	(8) [álso] ここでも *指差しはB氏の左側に
(9) uh-huh ああ	
	(10) [I] 私は *指差しは共有空間に
	(11) [/um] えっと *指差しはB氏の左側に
	(12) so I [came back] つまり私は戻ってきたのです *指差しは，B氏の左から中央へ
(13) oh, uh-huh おぉ，あぁ	
	(14) [kind of/] まあ言ってみればそんな感じ *指差しはB氏の右側に
(15) an' [you wént to undergraduate hére or ここで学部に通ったんですね。 *指差しは共有空間を指し，(16) が終わるまで保持	
	(16) [in Chicágo] át, uh, Loyola シカゴで，ああ，ロヨラ大学です。 *指差しは共有空間に
(17) óh óh óh óh óh I'm an óld Jésuit boy mysélf // unfórtunately おおおお，あいにく私もイエズス会の出身です。	

11章　発話とジェスチャーの有効性

　表11-1の断片は，A氏の質問（1）（2）から始まる。"Is this your first year here?"（1）にともなう指差しは，A氏の足元に向けられ，素直に理解すれば，ビデオ撮影が行われた場所，A氏とB氏が学籍を置くChicago大学を指していると考えられる。一方，"Where did you come from before?"（2）にともなう指差しは，A氏の足元（1）とは明らかに異なる両氏の間にある共有空間を指していた。前後の文脈も勘案すれば，A氏が，B氏の以前所属していた大学を訊きたかったことは明らかである。しかし，引き続くB氏の応答は，この期待をあっさり裏切るものであった。B氏は，"Um Iowa. I lived in Iowa"（3）とだけ答えたのである。

　これを機に話題はしばらくIowaに傾くが，A氏はほどなく"Did you go to school there or uh?"（5）という発話でB氏に対する追求を再開した[2]。A氏が"there"とともに指差したのは共有空間であり，それは，Iowaを示していた。ただし，Iowa大学か州かは断定できない。

　これに対しB氏は，"I did go to school there"（6）と答え，A氏と同じ「共有空間」を指差した。会話の受け答えという意味ではB氏はきちんと答えている。ただし，A氏が共有空間の下部を指したのに対し，B氏は上部を指していた。あたかも自身の"there"がA氏の"there"とは異なるとでも言わんばかりである。実際，その後も，B氏が指差す空間は，B氏が自覚していたかどうかは別として，A氏のものと一致することなく会話は続いた。

　例えば，"I went to school hére also"（7）（8）の"here"と"also"にともなった指差しは，それまでに指差しされていたA氏の"here"（1）（＝Chicago大学）とも，中央の共有空間（Iowa）とも異なる左側の空間を指している。B氏の「左」側は，彼の"here"（かつてB氏が学校に通っていたChicago市）であり，これは，A氏の"here"（1）が意味したChicago大学とは異なるものであった。

　McNeill（1992）は，「B氏のジェスチャーは，学校（Chicago市にある他の大学）に通った場所であるChicago市と，Chicago大学に対して異なる空間を割り当てた彼の心の中のイメージから生じたものである。ジェスチャーを通し

---

[2] 表11-1で「中略」としているIowaについての遣り取りは，数ターンに及んでいる詳細はMcNeill, 1987の「アマナ抄」と題された節を参照されたい。

て，我々は彼の心を読み，この時点で彼が隠蔽しようとしていた意味を発見することができる」と述べている。B氏は，この後まもなくA氏の執拗な追求に屈し，Chicago市内にあるロヨラ大学（イエズス会系）の出身であることを白状することとなる。奇遇にも，A氏も同じくイエズス会系大学の出身であったため，2人はしばらくその話題で盛り上がることになる。

以上がこの事例に関するMcNeill（1992）の説明である。この説明によると，基本的にA氏とB氏は，"here"や"there"とそれらにともなう指差しに対して異なる空間を割り当て，意味づけていたことがわかる。直示的な表現なのだから文脈によって指示内容が異なることには何の不思議もないが，他方，会話の中では空間の意味づけを相互に調整するということがあっても然るべきである。しかし，そのような調整は，少なくとも1992年本が分析した範囲では，見られなかった。

さて，1992年の説明で，A氏とB氏の間にある種のすれ違い，ないしはディスコミュニケーションがあったことは確かなようである。しかし，それにしても，B氏はなぜ真実を告白するように追い込まれたのか？ そして，それがなぜこのタイミングだったのか？ McNeill（1992）が指摘するように，A氏の（5）の質問に対して，ただ単に，"yes"と返事するだけでも済んだのではないか？ また，なぜ，訊かれてもいないChicagoでの学歴を述べるに至ったのか？ B氏が告白に追い込まれるためには，A氏とB氏のジェスチャー空間の意味づけのずれにA氏が気づき，それをB氏も認識し，B氏がA氏に告白を迫られなければならなかったはずである。1992年本の「読心」分析では，両氏が指していた空間の意味づけにずれがあったこと，そして，最終的にB氏がA氏の追求に屈したことしか述べておらず，その間に起きたA氏とB氏の攻防に迫りきれていないのである。

McNeill（1992）の発話とジェスチャーに関する理論は，その軸足を個人の認知過程に置いていた。McNeillの理論は，Vygotsky（1986）の考え方を基礎にしているので，Vygotskyがそうであったように，個人間の地平に対しても開かれていた。とは言うものの，少なくとも1992年本では，個人間の相互行為は前面に押し出されているわけではなかった。ジェスチャーは，発話を産出する際のアタマの中の過程を覗き込むための「もう一つ」の便利な「窓」とい

う位置づけであったし，この事例の説明でMcNeill自身が述べているように，それは，参与者の心を読む（mind reading）手段という位置づけであった。

これとは対照的に，McNeill（2005）の説明では，ジェスチャーの位置づけそのものが大きく変わっている。1992年本同様，発話をする際の認知的な過程を表すという側面が否定されたわけではない。しかし，強調されるのは，ジェスチャーが，それ自体発話とともに思考を推し進める「唯物的な媒体」（material carrier）であること，発話とジェスチャーは，そうした思考をする主体の「認知的存在」（cognitive being）そのもの，少なくともそうした存在と表裏一体なのだと，VygotskyとHeideggerの著作を引きつつ，繰り返し述べている。

これは，2人の間で起こる相互行為を問題とする場合，重要な意味をもつ。この考え方に従うと，ジェスチャーを通して，認知的な存在としての他者と思考のプロセスを共有できることになる。また，お互いのジェスチャーが相互行為をする際の資源となり，一方のジェスチャーが，他方のジェスチャーに指差しなどによって参照されることで，組み込まれることとなる。ある個人が産出するジェスチャーは，その人の心の中のイメージを表現しているだけでも，その人の考えを直接推し進めているだけでもなく，他者のジェスチャーといわばともに意味を創り出していることになるのである。

このような観点から，McNeill（2005）はB氏の学歴を巡るA氏とB氏の攻防について改めて分析している。そこで，以下では，2005年本の説明に沿って，なぜ，B氏は突如としてA氏の執拗な学歴追求に屈したのか？　について考えていきたい。

もうお気づきだろうが，McNeillが1992年本で分析したのは，実は表11-1の（1）から（8）までで，（9）以降についてはトランスクリプトさえ伏せられている。2005年本は，分析の対象を拡げ，前述の疑問に答えようとしているのである。表11-1に加えて，この断片全体を通して，ジェスチャー空間がどのように使われ，各々何を表していたのかを表11-2にまとめた。これらの資料を用いて新たに何がわかるのだろうか？

まず，（8）までの分析は，McNeill（1992）と同様である。新たな分析はその少し後の断片に加えられる。（8）に対するA氏の相槌（9）直後，（10）（11）で指差されていた共有空間と左側の空間が何を表していたかは特定する

2. ジェスチャーは有効なのか？

表11-2　A氏とB氏の会話中，指差しで利用された空間とその意味

	右	中央（共有）	左
(5) did you [go to school thére] or uh		S/UIowa-then	
(6) I did go to school [there]		S/UIowa-then	
(7) [I went to school hére]			C/UChicago-then
(8) [álso]			C/UChicago-then
(10) [I]		??	
(11) [/um]			??
(12) so I [came back]		C/UChicago-now	
(14) [kind of /]	UChicago-now		
(15) an' [you wént to undergraduate hére or		UChicago-now	
(16) [in Chicágo] át, uh, Loyola		UChicago-now	

＊Sは州（state），Cは市（city），Uは大学（university），Iowa／Chicagoは固有名，thenは当時，nowは現在を表す。S/UやC/Uは，スラッシュの前後の2つの解釈が定まらないことを示す。

ことが難しいが，B氏が"so I [came back]"（12）と発話しながら指差した共有空間は，明らかに現在のChicagoである。両氏にとって，現在B氏がChicagoにいること，かつてIowaにいたことはそれまでの遣り取りで明らかである。そして，過去のある時点でChicagoにいたこともあると述べた直後に，「戻ってきた」と言うのであるから，こう解釈するのが自然だろう。ただし，ここでのChicagoは，左側の空間で表現されている「かつてのChicago（C/UChicago-then）」とは対比される，現在（ないしは現在に至るまで）B氏がいる「現在のChicago（C/UChicago-now）」であるはずだ。しかし，この「現在のChicago」は，市なのか，大学なのか？

　McNeill（2005）は，この「現在のChicago（C/UChicago-now）」は，B氏にとっては「市」だったのではないかと主張する。McNeillの説明はこうである。B氏は，「私は戻ってきた」と述べた直後，(14)で，"[kind of/]"と言葉を濁しながら，「右側」の空間を指差している。"kind of"は，「まあ言ってみればそんな感じ」といった，当該の発言"so I [came back]"（12）が厳密には正しくないことを示唆する曖昧表現（hedge）である。では，この曖昧表現とともに新たに指差しされた右側の空間は一体何を意味するのか？　ここまでの断片で言えることは，共有空間と右側の空間は，位置が明確に異なるので同じ意味とは考えにくいこと，恐らく一方がChicago市で，他方がChicago大学（あるいは，少なくとも，Chicago市以外の何か）であるだろうということにとどまる。しかし，ここで重要なことは，B氏が，「現在のChicago」に2つ

の意味（恐らくは，Chicago市とChicago大学）がありうることを漏らしてしまったことである．B氏は，いわばボロを出してしまったのである．

A氏は，それを見逃さなかった．彼は，その後すぐに，B氏が指差した同じ共有空間を指差し，いわばB氏の首根っこを押さえながら，"An' [you wént to undergraduate h'ere?]"と畳み掛けた．しかも，B氏の応答が終わるまでずっと同じ場所を指し続けていたのである．A氏の指差しに曖昧さはなかった．それは，紛れもなくChicago大学を意味していた．これが致命的な問いとなり，果たしてB氏は (16) で，やはり共有空間を指差しながら，"[In Chicágo] 'at, uh, Loyola"と白状することとなる．"in"という前置詞を使うことで，B氏は，Chicagoが大学ではなく，市を意味していたことを明示した．そして，このことにより，遡ってではあるが，(14) の「右側」の空間が，市ではなく大学を意味していたことが推定できる．

B氏は，曖昧表現などせずに，A氏をはぐらかし続けることもできたはずである．(5) の質問に対して単に「はい (Yes)」と答えるか，あるいは同等の同意の手段を用いればよい．しかしながら，共有空間は，B氏にとっては現在のChicago市を，A氏にとっては現在のChicago大学を意味していた．「共有空間」とはいえ，2人がそれぞれ独立してこの空間を使っている分には何の問題もなかったはずである．しかし，A氏が，B氏が応答を終えるまで「共有空間」を指し続けることによって，意味づけを一致させる必要が生じた．B氏は，両氏の指差しの意味が異なることを突きつけられ，それを解消することを求められたのである．B氏は，もはや真実を告げるか，嘘をつくしか選択肢はなく，B氏は前者を選ぶこととなる．

このように，A氏とB氏の遣り取りの中で中央の共有空間が，単に個々人のアタマの中にあるイメージを表現する場であっただけではなく，社会的な相互行為の，特にこの事例の場合，B氏の学歴追求の攻防の場となったのである．したがって，ジェスチャー空間への指差しの役割ないしは効用は，会話の中で単に思考を表現するだけではない．それは，会話のダイナミクスに直接関与し，言い逃れ，探求，告白といった個人間の相互行為における一連のフェーズを遂行する役目を担うのである．こうして，McNeill (2005) のなぞ解きは終わる．

それにしてもB氏はなぜ "I went to school here also"（7）（8）という，訊かれてもいない情報まで伝えてしまったのだろうか？　直前に訊かれていたのは，あくまでも，"Did you [go to] school [there]?" であった。結局，Chicagoでも学歴があることを伝えてしまったために，曖昧表現を使うハメになり，そのことでボロを出してしまったことを考えると，B氏の失敗はここまで遡ることができる。ところが，これについては，McNeillはどの説明でも触れていない。

表11-1の断片は，A氏の "Is this your first year here?"（1）に始まり，途中 "How do you like Chicago compared to...?"（4）という質問が挟まれている。B氏は，（1）に応答する前に，以前の所属について訊かれ，（1）については応答しそびれている。あるいは，（2）を答えることで，（1）についても肯定したものと受け取られている可能性も否定できない。A氏の（4）の質問はそれを踏まえたものと捉えることもできる。その（4）についても，応答する前にIowaに関する質問をされ，それに答えている。しかも，Chicagoと比較する基準としてのIowaという位置づけまでされている。完全にChicago初心者扱いである。実際にはB氏は，Chicago大学は初めてであるものの，Chicago市は初めてではない。それはどこかで訂正しておかないと，その後，あれこれ話の辻褄が合わなくなるだろう。そこで，少なくともChicago市は初めてではないことを含意しつつ，Chicago大学へ通ったとも明言しない，きわめて曖昧な（7）以降の発話が続くことになる。（7）以降のB氏の発言は，いわば葛藤の末の苦肉の策とも言えるものであったのである。言葉の上ではなんとか取り繕ったものの，ジェスチャーについてまで細心の注意が払えなかったことがB氏の敗因と言える。

3. むすび

前節で詳しく紹介したような共有空間への指差しの他，会話相手のジェスチャーを鏡写ししたり（Kimbara, 2006），あるいは，指差したり，実際に相手のジェスチャーと合わせて1つのジェスチャーをつくる（「共同ジェスチャー」）といったことは，折り紙の教示などでも観られるものである

11章　発話とジェスチャーの有効性

(Furuyama, 2000)。また，個人的に産出するとされるジェスチャーであっても，会話相手の人数またはレイアウトが変化することによって，アニメーションで見た「同じ動き」が，動きの方向が異なるジェスチャーによって表現されることも報告されている（Öxyüreck, 2000）。このように，ジェスチャーは，他者のジェスチャーや存在そのものを含む会話の文脈に敏感であり，話者が独りでつくっているものではないのである。その意味で，ジェスチャーの成り立ちを紐解くことで，どのような情報の遣り取りがなされているのか，さらにはどのように情報がまさに会話の場で生成されているのかを明らかにする糸口を得ることができる。本章で紹介したA氏とB氏の遣り取りは，まさにその具体例である。

　心理カウンセリングでも，セラピストとクライエントが，お互いの考えを説明する場面は多い。そうした「説明」に含まれる情報も，独りでつくりあげているのではなく，実は相手が産出することばやジェスチャーで表現されている情報を汲んで成り立っていることを，これらの事例研究は示唆している。「ジェスチャー」という切り口で，心理カウンセリングをはじめ，さまざまな日常場面における「説明」において，身体がどのように使用されているのかを明らかにする研究は，まだまだ歴史が浅い。さらに多くのことが明らかにされなければならない。

公認心理師への提言
　本章で紹介した事例を踏まえていくつか提言をしてみたい。1つは，心理カウンセリングをビデオに撮影し，セラピストとクライエントの発話をできるだけ詳しく，できれば言い淀みなども含めて，文字に起こしてみること。もう1つは，発話にともなって生起するジェスチャーについて気づいたことをノートに記してみること。本章では，指差しに限定して議論を行ったので，それを真似することから始めるのもよいかもしれない。最近では，ELAN（https://tla.mpi.nl/tools/tla-tools/elan/）というビデオ注釈ツールがあるので，そういったものを使うと便利だ。そして，セラピストとクライエントが考えていることがどのようなかたちで発話とジェスチャーに表現されているのか（McNeillの「読心」分析），二人の間でどのような社会的な相互行為ないしは駆け引きがなされているのか（McNeillの相互行為的な分析）を観察してほしい。自分がセラピストとして参加したカウンセリング，他の自分よりも経験が豊富だった

り，あるいは浅い人のものなど，バリエーションを増やせるとなおいい。その作業を通して気づいたことをアタマの隅に入れながら，次の心理カウンセリングに臨んでほしい。気づきを仲間と共有しても新たな発見があるはずだ。きっと本章で議論したA氏とB氏の会話に観られたような，一見なにげない遣り取りの中に，とてもスリリングな駆け引きが見えてくるに違いない。

読書案内

McNeill, D. (2005). *Gesture and thought*. Chicago, IL: University of Chicago Press. （推薦理由：最初にお薦めするのは，本章でも紹介したMcNeillの著書である。現在のところ，まだ邦訳はないが，すでに古典の部類に属する1992年本と合わせ，現在，「説明」を含む発話とジェスチャーに関する研究のなかで，最も深い洞察が得られる一冊である。）

坊農 真弓・高梨 克也（編）(2009). 多人数インタラクションの分析手法（知の科学） オーム社（推薦理由：こちらの本には，滋賀県立大学の細馬宏通さんのジェスチャー単位に関する解説と，筆者のジェスチャーの反復的な使用（「キャッチメント」と呼ばれる）に関する解説が含まれている。本章とあわせて，ご自身でジェスチャー分析をする際の参考になれば幸いである。）

文献

Duncan, S. Jr., & Fisk, D. W. (1977). *Face-to face interaction: Research, methods, and theory*. Hillsdale, NJ: Erlbaum.

Furuyama, N. (2000). Gestural interaction between the instructor and the learner in origami instruction. In D. McNeill (Ed.), *Language and gesture: Window into thought and action* (pp.99-117). Cambridge, UK: Cambridge University Press.

古山 宣洋 (2012). ジェスチャーとは何か 特集「ジェスチャーとことば」 日本語学, *31*(3), 4-15.

Kendon, A. (2004). *Gesture: Visible action as utterance*. Cambridge, UK: Cambridge University Press.

Kimbara, I. (2006). On gestural mimicry. *Gesture, 6*, 39-61.

McNeill, D. (1987). *Psycholinguistics: A new approach*. New York, NY: Harper & Row.

McNeill, D. (1992). *Hand and mind: What gestures reveal about thought*. Chicago, IL: University of Chicago Press.

McNeill, D. (2003). Pointing and morality in Chicago. In Kita, S. (Ed.), *Pointing: Where language, culture, and cognition meet*. Mahwah, NJ: Lawrence Erlbaum Associates.

McNeill, D. (2005). *Gesture and thought*. Chicago, IL: University of Chicago Press.

McNeill, D. (2005). *Why we gesture*. Cambridge: Cambridge University Press.

Özyürek, A. (2000). The influence of addressee location on spatial language and representational gestures of direction. In D. McNeill, (Ed.), *Language and gesture: Window into thought and action* (pp.64-83). Cambridge, UK: Cambridge University Press.

Vygotsky, L. S. (1986). *Thought and language*. (A. Kozulin, Ed.). Cambridge, MA: MIT Press.

12章
保健医療分野の説明実践

山崎久美子：防衛医科大学校

　私たち公認心理師はおのれの職責を全うする時代を迎えた。国家資格を手にした重責を臨床現場で否が応でも味わうことは明白である。心理職は従来医療の場で説明行為を行ってきたが，それはややもすると自流であって，原理原則が明確になっていない。本章では，まず，インフォームド・コンセント（IC）という概念の成立と医療の場への普及および医師における説明実践の小史を概観する。

　そのうえで，若い公認心理師にとっての1つのモデルを呈示すべく筆者のいくつかの事例における説明実践の在りようを呈示した。そこでは，具体的に患者に向けてどのような説明を行ったかを再現したので，読者の理解の一助になると考える。説明の原則となるもの，および説明が果たす機能や効果について論じた。

　最後に，私たちが説明社会の一構成員として，医療の場において患者やユーザーに向けて行う説明実践の際の公認心理師としての心構えや工夫および注意点を挙げた。

1．歴史から見た医師の説明実践

[1] インフォームド・コンセント（IC）の誕生までの経緯

　古代ギリシャの聖医として知られるヒポクラテス（Hippocrates）は，患者への病状の正確な説明は不安をもたらすので避けるべきとし，医師の「秘匿」の態度が重んじられていた。やがて，ヒポクラテス思想の根底にあった家父長的温情主義（これを「パターナリズム」と言う）は，患者の自律性や自己決定を妨げるという理由で，批判されるようになった。1970年代以前の米国でもこの考え方はまかり通り，医師は患者に簡単に病状のみを説明するにとどまっ

た。宗像（1991）によれば，洋の東西を問わず古くから，医師のパターナリズムと患者の依存を基本とする「おまかせ」医療または「おもいやり」医療が展開されていた。

　ICという概念の誕生は，1964年に世界医師会総会において「ヘルシンキ宣言」が採択された時で，治療を目的とした医学研究も視野に入れられ，医師による十分な説明，そして患者の理解，納得および同意の必要性が強調された。1973年には，米国病院協会が「患者は自分の診断・治療・予後についての完全な新しい情報を，自分に十分理解できる言葉で伝えられる権利がある」ということなどを明記した「患者の権利章典」を作成した。そして1979年に，被験者保護に向けての「ベルモント・レポート」が世に送り出され，3つの基本的倫理原則の1つに「人格の尊重（＝自律性）」が掲げられ，これがIC（コンセントには，理解・納得のうえでの同意のみならず拒否も含む）手続きを尊重する必要性の根拠となった。

[2] わが国の医療における説明実践の普及

　わが国においては，19世紀から診療に関する「説明」の観念が存在したドイツ（わが国は明治維新以降ドイツ医学を採用した）とは対照的に，診療契約の付随義務としての説明義務が議論されるようになったのは1970年以降のことであった。1990年になってようやく，日本医師会生命倫理懇談会は「『説明と同意』についての報告」をまとめた。佐野（1996）は，わが国でICが必要になった背景として，患者側から医師の親切な説明を求める声が高まったことや医療事故による医事紛争処理上から医師に説明義務が生じたことなどを挙げている。さらに，ICが医療法上の医師の努力義務として明記されたのは1997年の「医療法」の改正によっている。その後2000年には，日本医師会倫理向上に関する検討会が「医の倫理綱領」を答申した。その3項において，「医師は（中略）医療内容についてよく説明し，信頼を得るように努める」と謳われている。そして2003年，厚生労働省は「診療情報の提供等に関する指針」を全医療従事者・管理者が守るべきものとして出すに至った。

[3] 昨今の医師による説明実践の実情と課題

　医師の説明実践の在りようについて，医師から説明を聞いていないという患者の訴えや医師からの説明が十分ではないと感じている患者の苦情がある一方で，患者は医師の説明を理解できない，あるいは憶えていないという医師側の指摘がある。こうした実情を明らかにした研究がある。クルップら（Krupp et al., 2000）は，医師が口頭で説明した一般的な情報を患者は2時間後には18％しか記憶しておらず，脳外科手術の典型的で重大なリスクでさえ6つのうち2つしか思い出せなかったと報告した。山口（2016）は，患者の医師に対する不満や苦情の多くは説明不足であったが，手術や化学療法など大きな決断が必要となる場面では実際には長い時間をかけた説明があったなどと判明することがよくあると指摘している。医師と患者間でこうしたギャップが生じる理由としては，受ける医療に対する患者の強い不安などの情緒面，医師の説明の難しさ，医師の医学用語の頻用，口頭説明の限界などが考えられる。これらの弊害を克服するための工夫として，説明を受ける患者の情緒面への配慮，患者の立場を考慮に入れたわかりやすい説明，ICのための説明文書の活用，コミュニケーション教育を含めた医学教育等の改善が提案されている。

2．医療の現場での心理職の説明実践

　ひと昔前の心理職の説明実践としては，依頼された心理検査の結果（患者の病態やパーソナリティなど）を心理の専門外の医師に「書面による説明（報告書の提出）」をするものであった。心理職は権威的な振る舞いの医師に向けて，報告書の内容が当該患者にどのようにフィードバック（説明）されたか否かについて，訊ねる組織風土はなかったであろう。患者への一切の説明行為は主治医の責任のもと，主治医によって行われていたからであった。実は，心理職の報告は医師が当該患者に説明しやすい表現を用いてのまとめになっていないことも多く，その場合は主治医の診療の補助資料にしかならない。それゆえ，主治医への報告は，できるだけ「根拠に基づいたわかりやすい説明」になるよう心がけるのがよいだろう。また，チーム医療のさらなる展開のために，心理検査の結果を他の医療従事者とも共有できるよう，一層の工夫が求められ

12章　保健医療分野の説明実践

る。

　この節では，筆者の心理臨床における4例の説明実践を紹介しながら，併せて，その際に筆者が行った説明が患者に及ぼした影響や効果を検討するので，参考にされたい。

[1] 心理検査（1）の説明実践

　1）説明内容　　言語脳をほぼ確定できるダイコティック・リスニング検査（DLT）施行前には「右側の脳を手術する予定とお伺いしています。〇〇さんははっきりとした右利きなので，左半球が言語を担っていると思われますが，そのことを確認するためにDLTという痛みをともなわない簡単な検査を受けていただきます」などと「検査の目的と内容を説明」した。検査終了後には，描いた簡単な絵（左脳と右脳，脳梁，両耳から同時に聴いた破裂音が脳内でどう処理されるか）を指しながら，脳内の言語情報処理のメカニズムに関する「専門的な説明」をわかりやすく行った。ただし，幼少期から左脳に何らかの損傷がある患者の場合，優位脳を同定できない，手術を目前にした患者に余計な不安を与えることは控えたい，主治医もこの件については説明を回避するだろうという推測から筆者は「説明を回避」した。

　2）説明の効果とポイント　　神経心理学的検査を施行する場合は，検査の目的を説明しやすく，説明行為が検査を受ける患者のモチベーションにつながることが多い。ただし，患者に説明して承諾を得る際，一部の情報を伏せることになる。それを知ることで，検査結果にバイアスが生じるからである。こうした事情がある場合には，検査終了後に伏せておいた情報を開示（事後開示）したほうがいい。同一の心理職が引き続き，検査バッテリーの別の検査の施行者になることが多いことからも信頼感の回復に努めておく。

[2] 心理検査（2）の説明実践

　1）説明内容　　自閉スペクトラム症（アスペルガー症候群）のWAIS知能検査の結果説明として，「（プロフィールを見せながら）検査課題によって評価点にバラツキがあるのがわかりますか？　全体として得られた数値は悪くはな

いですが，脳の働きに特有のパターンが見られます。文章を読んで理解することはできるけれど，耳に入ってくる話し言葉の理解は少し難しいですね？　文字で情報を伝達してもらうと理解しやすいかと思います。ストーリーを考えて絵を並べる課題が難しかったですね。起承転結を掴むのが得意でないかと思います。また，想像することが難しくないですか？　見えるものはちゃんとわかっている人だと思います。(中略)あなたに合った職業ですが，スピードを要求される仕事には向いていないようなので，得意なことをコツコツと続けていけるような仕事がいいかもしれません。おのれの弱点を承知しておくことは賢く生きていくことにつながります」と伝えた。

2) 説明の効果とポイント　　本検査施行前には，長い検査時間のために疲れてしまいがちなことや問題の難易度が増すにつれ回答できなくなる問題が出てくることなどを事前に説明しておくことが大切である。こうした配慮は，患者の回答できない際のストレスを軽減する。検査結果をフィードバックする際には，「現実と希望のバランスを踏まえた対面での説明」になるよう心がけることが重要となる。心理検査の結果を具体的に説明することで，自分の生きにくさはどういった特性から生じてくるかの理解に多いに役立つ。また，「丁寧で温かい説明」は，検査で捉えられた障害の諸特性をセラピーの中で取り上げていくことを容易にする。そのプロセスは，障害受容を促進し，日常生活におけるさまざまな困難への対処可能性を高め，ひいてはクライエントの適応レベルの向上へとつながる，きわめて治療的な関わりとなる。

[3] 心理療法の説明実践
1) 説明内容　　主治医は患者に病名(病理)を告知したうえで，薬物治療は奏功しないので精神療法(心理療法)を奨めることがある。主治医によって，病理構造のアウトラインが説明されるものの，パーソナリティ障害のように病理水準が不良なクライエントにとっては理解するまで時間を要する。クライエント自身が自分で病理的なシステムを扱えるように，さらに，どのようにしたら健康になれるのか，また治療のゴールをできるだけ早期に明示・説明していくことが面接を進めるうえで重要である。以下は自己愛性パーソナリティ

障害の傾向があるクライエントに向けた説明の概略である。

「あなたの中には『尊大な自分』と『価値のない自分』がありますね。どちらも病理的で偽りの自己です。前者は万能的で，自分を特別な存在って思うので，あなたは他人を見下すこともしばしばですね。さて，そういう自分とは対照的な『価値のない自分』になってしまうことがありますね？ そういう時は大抵うつになっています。無価値な，ダメな自分になって，他人を羨む感情が湧き起こります。こうなると今度は，他人から見下される自分になります。対人関係は見下すか，見下されるかの関係しか存在しませんね。これでは生きにくいはずです。（中略）『等身大の自分』をイメージできますか？ こうした自分がないのは病理であり，本人には見えません。実はあなたの中には『等身大の自分』はそもそもあったのです。ですから，その『等身大の自分』を取り戻すことが治療の目標になります。そうした目標を据えて，治療の中では，例えば，自分がいつも自分以上でないといけないという強迫観念とか，0か100かの生き方も取り上げます。（中略）ゴールに到着すると，自分を信じられるようになります。同時に，他人を愛せるようになれるものです。そういうあなたは『ありのままの自分』でいられるはずです」などといった病理や治療方針および治療目標の説明がぶれない面接を行う鍵となる。

2）説明の効果とポイント　セラピー導入期のセラピストの説明実践によって，セラピストがクライエントにとって手応えのある存在になると，セラピストに対する理想化転移（信頼感，安心感など）が早期に生じやすくなり，以後の面接においてセラピストの言葉がクライエントに届くようになる。すると，セラピストを媒介にして，クライエントの不健康な価値観の修正や病理的な自我システムの修正が始まる。こうした後押しは，良好で比較的安定したクライエント－セラピスト関係を醸成することに役立つ。なお，精神療法の作法や面接の進め方は師匠のやり方を踏襲することが多いと思われるが，すべて自分の言葉にして説明するのが原則である。

[4] 心理教育の説明実践

1）説明内容　ここ数年，双極性障害をもつクライエントが増加し，心理

職は心理教育を依頼されることが多くなっている。筆者が行った「訴えへの対応としての説明」実践をここに紹介する。クライエントは，「(主治医の) 先生に，現在は躁でもうつでもない。生活リズムを整えて，今は学校を卒業することだけを考えなさい。寛解状態にもっていけば大丈夫と言われた。けど，そうなれるとはとても思えない」と述べた。筆者は，「あなたが気分をモニタリングしてみて，正常気分だと感じますか？」と質問し，具体的にどのような状態であるかを丁寧に聴いた後，「生活リズムを整えることは再発防止に効果的です」，「過去を振り返ったり，将来のことを考えたりするとうつ状態を引き起こすものです。目下の生活を丁寧に送ることが大切です」，「寛解期が続くような日常生活を話し合っていきましょう」と心理教育と今後の方針について説明を行った。

 2) **説明の効果とポイント**　クライエントの気持ちを受容しつつ，「主治医の説明の補強を意図した説明」をセラピストの言葉を用いて行う。そうした支援はクライエントに向けた主治医の説明やアドバイスをさらに有効なものにする。限られた診察時間の中では，状態の確認や助言に限界があるので，セラピストが「主治医の説明と矛盾しないような補足的な説明」になるよう心掛けながら，「時間をかけた説明」を行う。セラピストの説明内容が実行ベースになれば，なにより再発予防の促進へとつながっていく。

3．公認心理師が遂げるべき説明実践の在り方

[1] 説明社会の到来

　心理職が国家資格を得た公認心理師として位置づけられると，医療の場で働く心理師の説明責任（accountability）（以下の説明を行う責任のこと。ICとほぼ同義である）は医師の場合のそれとほぼ同様となり，ICの理念のもと，患者に向けての説明実践の機会は多くなる。公認心理師も「説明実践」の当事者であり，この問題を避けて通れなくなった。患者への説明に慣れていない人は「説明の素人」の段階であり，コミュニケーションを得意とする職種という側面に注目すれば「説明のプロ（候補）」と言えるかもしれない。長い間，患

12章　保健医療分野の説明実践

者への説明行為は医師の守備範囲であったし，説明実践を積まなければ最初から良い説明などできない。「チーム医療」がスタンダードになり，互いの職種に敬意を払うようになった昨今，それぞれの職種は専門性を越えて対等となり，他の職種との円滑なコミュニケーション力が一層求められている。患者のための医療をともに創出していくチームの構成員への「説明力」は患者のためばかりではない。

「情報開示」「情報共有」「知る権利」という言葉が医療の場でも横行するようになって久しい。昔は聞かなかった「説明責任」や「説明義務（「日本医師会の『医師の職業倫理指針』（2016）によると，『医師は患者の同意を得るに先立ち，患者に対して検査・治療・処置の目的，内容，性質，また実施した場合およびしない場合の危険・利害損失，代替処置の有無などを十分説明（する義務）』」）違反」という言葉や概念も周知のこととなり，これをどのように実践していくかが正念場を迎えている。

[2] 説明実践の心構え

医療の場で，なぜこれほど「説明」が話題になるのだろうか。佐野（1996）は，実際の医療現場では「いくら説明しても理解してもらえない」患者がいると指摘する。公認心理師が対面する患者も同様なのであろうか。もし，患者への説明実践に心を砕いても実りがないなら，その心理師はどんな心情になるのだろうか。心理師の落胆や期待は，言わずもがな，患者の落胆や期待でもある。失望や焦りや相手への過剰な期待からは何も生まれない。

私たちは心理職なので，患者とのよりよい関係性の構築をまず念頭に置いたほうがいい。相手の話を傾聴し，相手の気持ちや感情に共感していく過程を経ると，おのずと情報の交換が始まる。情報提供という一方通行のコミュニケーションではなく，相互作用を活用した情報交換が患者の言語化を始動させ，情緒の安定を促し，相互理解が深まる。こうした患者 - 心理師関係の樹立は，医療における合理的な意思決定のプロセスの基盤づくりに役立つ。

[3] 説明実践という支援

医師をはじめとする他の医療職と同様に，公認心理師に説明責任が課される

のは，物事を決定する際に必要となる専門知識や拠って立つ判断材料を医療側の人間は患者に比べ圧倒的に多く手にしているからということを認識しなければならない。そもそも少々の説明では専門知識や判断材料の量のギャップを埋めようがない。だが「この心理師は私に真摯に説明をしてくれている」という動かしがたい現実を前にして，患者は医療や医療人に信頼を寄せ始めるのである。患者に寄り添い，説明を適宜行っていく行為のプロセスの中にこそ，医療の本質がある。結果として，患者は，闘病生活の主人公として，勇気をもって，今より自律的に，そして今より自己決定ができるようになるのだろう。

　宗像（1991）は，医療モデルには，「おまかせ」医療と「自己決定」医療の2つがあるとしたうえで，医療従事者はそれら2つのバランスを取ることを推奨している。日常生活において「自己決定」する生き方をしてこなかった人が医療の場で患者として自己決定していくことはたやすくないことを承知しておくことが重要である。そのうえで，人は窮地に陥った時こそ，その人に合った適切な支援をいくばくかでも得られれば，病気や障害を乗り越えようとする強い意志のもとで，より自律的になれると確信する。その際の支援の要はコミュニケーションに尽きると思う。良質なコミュニケーションは患者－医療従事者間のへだたりを埋めていく。本来，知識や情報の足りない人に知識や情報を届ける営みは楽しいはずである。

[4] 説明に際しての注意点

　医療の場で働く公認心理師による心理行為についての説明は，医師，その他の医療の担い手に準じることになる。心理師の場合，具体的には，①症状や問題，②心理的アセスメント・心理支援などの目的や内容，③実施した場合およびしない場合の心理支援の利害損失，④それ以外の可能な心理支援，⑤症状等の経過や将来の状態の見込み，場合によっては⑥心理支援の不確実性について，説明しておいたほうがいいだろう。

　説明実践に際しては，以下の5つを十分に検討しなければならない。①説明するべきか否か（患者の利益がほとんどない場合は控える），②誰に説明すべきか（本人以外に家族など），③いつどこで説明すべきか，④どこまで説明すべきか，⑤どのように説明すべきか。答えは出る時も出ない時もある。知恵と

臨床知を総動員して方針を立てるしかない。

　蛇足として，①説明実践のロールプレイ，②模擬患者を用いた説明実践，③説明実践のスーパービジョン，④大学・大学院の教育プログラムの充実などは言うまでもない。

公認心理師への提言

　国家資格制度の確立にかかわらず，私たち心理職は制約の何かと多い医療の場においてできる限りの責任をともなった説明行為を行ってきたと思います。それは試行錯誤の連続であったかもしれないし，あるいはその重責を意識・自覚することなく，どちらかと言えば漫然と続けてきたかもしれません。中には，患者に対する説明はすべて医師の責任のもとに行われる医師の行為として捉えてきたかもしれません。実情は医師が説明していたかもしれません。でもここでまずは，おのれの説明行為がいかなるものであったかの振り返りと，できれば問題の整理をしていただきたいと思います。反省の上にしか，よりよい説明態度は生まれないと思います。今まさに公認心理師の説明責任が問われています。説明原則に基づいて説明実践を行っていくと経験知とコツが身につきます。説明責任とは何かについて仲間と熱い議論を戦わせながら，説明のプロに近づいてほしいと願っています。

読書案内

森岡 恭彦（1994）．インフォームド・コンセント　NHKブックス　（推薦理由：著者である森岡氏は昭和天皇の執刀医としても知られている。本書は氏によるICに関する幻の名著である。現在も日本医師会の参与としてこの問題に関わる。）

Annas, G. J. (1989). *The right of patients: The basic ACLU guide to patient rights*（ACLU Handbook）. Carbondale, IL: Southern Illinois University Press. （アナス, G. J. 上原 鳴夫・赤津 晴子（訳）（1992）．患者の権利　日本評論社）　（推薦理由：患者の権利に関する研究の第一人者が執筆した医療の場における権利を議論・考察した著作。権利は，それが侵害されないようにすることのほうが，はるかに建設的であり，また効果的であると主張する。）

藤山 雅行（編著）（2006）．判例にみる医師の説明義務　新日本法規出版　（推薦理由：多くの判事と判事補によって書かれた書。医師の説明義務とその前提としての患者の自己決定権についての議論は公認心理師の場合の説明義務を考える際の参考になる。判例は読みやすい。）

文　献

Krupp, W., Spanehl, O., Laubach, W., & Seifert, V. (2000). Informed consent in neurosurgery: Patients' recall of preoperative discussion. *Acta Neurochirurgica, 142,* 233-238.

宗像 恒次（1991）．「おまかせ」医療から「自己決定」医療へ――医療文化の移り変り　山崎 久美子（編）　21世紀の医療への招待（pp.219-243）　誠信書房

日本医師会　会員の倫理向上に関する検討委員会（2000）. 医の倫理綱領　医の倫理綱領注釈　平成12年2月　p.10
日本医師会（2016）. 医師の職業倫理指針［第3版］　p.4
佐野　文男（1996）. 与えられる医療から参加する医療へ　日本看護研究学会雑誌, 19(1), 26-28.
山口　育子（2016）. 患者視点から考えるヘルスコミュニケーション　第2回SDM（シェアード・ディシジョン・メイキング）フォーラム2016，東京

13章
福祉分野の説明実践

　　　　　　　　　　　　　　　　　　　　　　　　　森地　徹：筑波大学

　福祉分野における説明実践において，説明の根拠として重要な役割を果たすEBP（Evidence Based Practice）について，その誕生と展開，特徴，実施手順，評価方法，展開における注意点について，それぞれ説明し，その展開例について紹介する。その際，EBPの誕生と展開については，欧米の流れと日本の現状について，特徴については，EBPが説明実践における根拠となりうることについて，実施手順については，EBPを実践する際に確認すべき流れについて，評価方法については，適切な評価方法がEBPの展開において重要になることについて，展開における注意点については，EBPを実際に展開する際の留意点について，それぞれ紹介する。また，EBPの展開例については，スクールソーシャルワークにおける取り組みを取り上げ，効果的なスクールソーシャルワーク事業プログラムのモデルの作成，確認，修正，検証，完成のプロセスについて紹介する。そのうえで，説明実践への期待を述べる。

1．福祉分野における EBP の誕生と展開およびその特徴

[1] 福祉分野における EBP の誕生と展開

　EBP（Evidence Based Practice）とは対人援助における根拠に基づく実践のことを指す。福祉分野におけるEBPについては1990年代半ば以降に欧米を中心にその重要性が指摘され，展開が図られている。これは統計学の発展とインターネットの普及が背景にあるとされている（秋山，2011）。このEBPはその起源を医療分野に見ることができる。これは1990年代前半にEBM（Evidence Based Medicine）として展開されたものであり，それまで経験に基づいて展開されていた医療実践において根拠を基にした実践の必要性が提起され，展開されていったものである。

このように欧米を中心に展開が図られてきた福祉分野におけるEBPであるが、日本においてはその展開が必ずしも十分に図られていない状況にある。これは、欧米に比べて福祉分野におけるEBPの議論が遅れたこともあり、日本の福祉実践におけるエビデンスの構築はいまだ発展途上にあるため、福祉実践に貢献しうるエビデンスとは何かを考える段階にあるためだとされている（山口ら, 2013）。

[2] 福祉分野におけるEBPの特徴

EBPは科学的根拠に基づいてその実践の有効性・有用性を明示し、社会的に実施・普及すべきことの合意が得られた取り組みであるため、プログラム自体の標準化・共有化が求められるとされている（大島, 2016）。またその特徴として、①慣行や前例による考えを是としない、②目的指向型思考である、③憶測や推測による判断は下さない、④証拠に基づいて判断を下す、⑤科学的方法を基本とする、ことが挙げられる（秋山, 2011）。具体的には、リサーチを行い、その結果を根拠として最も効果的な支援の方向性を決定していくプロセスこそがEBPだとされている（増田, 2009）。そしてそのことにより、何を根拠に福祉実践を行うかということに対してのパラダイムの転換をEBPはもたらすことになったとされ（秋山, 2005）、あわせて、福祉実践が特定の個人の権威に基づくものではなくなったとされている（三島, 2007）。また、日本では福祉専門職の実践は経験者やテキストなどに依存していたが、それらは客観性に乏しいため、EBPはそのような実践根拠があいまいな福祉実践を変えていく役割を有しているとされている（秋山, 2005）。そして、有効性が検証された福祉実践を行うことがクライエントに最善の恩恵をもたらすことにつながるとされ（秋山, 2011）、その際、あらゆる手立てを使って客観的で有効な介入方法を探索し、クライエントの利益に資する介入実践を行うことが必要になるとされている（秋山, 2007）が、あわせて、問題解決のみならず問題発生の予防も重視されるようになったとされている（秋山, 2005）。

また、福祉実践においては、クライエント等に対してその実践の意義についての説明責任を果たす必要があるが、その際にEBPはそのような説明責任を果たすことを可能にするとされている（山口ら, 2013）。

2. 福祉分野における EBP の手順，評価と展開における注意点

[1] 福祉分野における EBP の手順

　EBP はすでに実施されている調査に関する情報にアクセスし，調査結果に関する知識を収集するところから始まるが，その際に，実証性に耐えうる条件を十分に満たしているか，変数間の関係が明確であるか検証され，あわせてバイアス等が統制されているかに目を向ける必要があるとされている（秋山，2005）。そしてこのようなプロセスを経て検証した調査結果は，その調査の方法が明示され，同時に厳格な基準を満たすことから，その再現性が高く客観性に富むとされている（秋山，2005）。

　なお，このような調査には対象者の群に介入を行う介入群と行わない対照群に無作為に割り付けを行い，評価を行う無作為化比較試験（RCT）が用いられる場合が多い。また，RCT を含めてすでに得られている調査結果をレビューし，そのレビューした調査結果の平均値や標準偏差などから有効性の大きさを検証したメタ・アナリシスを活用するのも有効な方法だとされている（秋山，2005）。

　EBP では実証研究における調査から得られた知見が重視され，そのエビデンスとして RCT が重要視されているが，実証研究が行われる背景や根拠は理論研究や歴史研究に基づき，実証研究の内容は理論研究，横断研究，RCT，コホート研究，質的研究などで見出された知見に基づいて構成されるとされている（山口ら，2013）。また，該当する研究を抽出するためにデータベースを活用することも有効である。その際に2000年より社会政策，教育政策分野における効果に関する研究のシステマティック・レビューが行われ，その結果が提供されているキャンベル共同計画（Campbell Collaboration）（佐藤，2007）を活用するのが有効となる。

　次に効果のある福祉実践について手順に従って行う必要があるが，その際にそのフィデリティに着目する必要がある。フィデリティとは忠実性を表すものであるが，効果のある実践についてはもともとのデザインと同じ条件で実施する必要があり，そのために福祉実践の対象，実践者の訓練状況，実施手順，用

いる技術や道具、実施する場面、が適切かを検証する必要があるとされている（秋山, 2005）。

なお、EBPの構築における具体的な方法として、EBPツールキットの開発・評価が重要となる。そしてその開発・評価において、福祉実践者やクライエントの参加のもとで行われることが求められるとされている（大島, 2016）。このように、最も有効な介入方法を探し、福祉専門職の多くがそれを共有し、実践していくことがクライエントに多くの有益な結果をもたらすことになるとされている（秋山, 2005）。

[2] 福祉分野におけるEBPの評価方法

福祉分野におけるEBPの評価方法として、①システマティック・レビュー、②RCT、③準実験調査法、④制御観察法、⑤制御なしの観察法、⑥専門家の合意に基づいた見解が挙げられており（秋山, 2011）、あわせて質的調査法による評価も重視されるとされている（秋山, 2005）。そしてその中でもRCTによる評価が重視されており、介入内容が決まったら介入の効果についてRCT等を用いて測定を行うことが不可欠になるとされている（山口ら, 2013）。そしてこれらの方法を通して、①明瞭なエビデンス、②実証的エビデンス、③一般的エビデンス、のいずれかのエビデンスが得られるか確認することになるとされており（秋山, 2011）、その際にクライエントの参加は重要な役割を果たすとされている（山口ら, 2013）。

また、福祉実践者が評価に参加する場合、①支援ゴールを明確にした取り組みを実施マニュアルにまとめて実践現場内で共有、②プログラムゴールとプログラム設計をチームで検討して共有、③効果的援助要素を検討して実施マニュアルに整理、④実施マニュアルが適切に行われているか随時確認、⑤創意工夫等を実施マニュアルに反映、⑥取り組みの成果を共有、⑦評価の結果をチーム内で共有、することができるとされている（大島, 2015）。

[3] 福祉分野におけるEBPの展開における注意点

EBPを展開する際に、①高名な理論家や理論の考え方、②マニュアルに書いてあること、③スーパーバイザーから指導されたこと、④先輩からの指導、

⑤組織の風土，⑥多くの人に支持されている方法，⑦多くの人がすでに行っている方法，⑧経験に基づく方法，⑨自分の信念，などにとらわれないように注意することが必要になるとされている（秋山，2005）。

また，海外でその効果が検証された EBP プログラムを日本において展開する際には，①日本における効果的なプログラムに形成・発展させること，②効果的な実施・普及モデルや実施体制を構築すること，に気を付ける必要があるとされている（大島，2016）。

3. 福祉分野における EBP の例

福祉分野における EBP の例として，エビデンスに基づく効果的なスクールソーシャルワークに関する研究（山野，2015）を取り上げたい。この研究は，2008年にスクールソーシャルワーカー活用事業が開始されたが，それまでスクールソーシャルワークは日本において実践されておらず，マニュアルがないなかで実践が展開される状況にあったため，効果的なスクールソーシャルワークを行うためのプログラム開発が目指され実施されたものである。以下にその内容を示す。

[1] 効果的なスクールソーシャルワーク事業プログラムのモデル作成

スクールソーシャルワークの実践内容の明確化，モデル化，のために教育委員会担当者，スクールソーシャルワーカー等に対してインタビュー調査が実施された。調査は半構造化面接により行われ，インタビュー内容として，①スクールソーシャルワーク事業化のために行ってきたこと，②スクールソーシャルワーカーの定着のために行ってきたこと，③スクールソーシャルワーカーの導入による変化，が設定された。

その結果，具体的なプログラム要素である効果的プログラム要素が教育委員会，学校組織，関係機関，子ども・保護者ごとに抽出された。それをもとに構成されたスクールソーシャルワーク事業プログラムについて，研究メンバー，調査対象以外の教育委員会担当者，スクールソーシャルワーカー等の参加を得て見直しが行われ，スクールソーシャルワーク事業プログラムが作成された。

[2] 効果的なスクールソーシャルワーク事業プログラムの確認

　作成された効果的なスクールソーシャルワーク事業プログラムがどの程度活用できるものなのか全国調査により確認された。その際，作成された効果的なスクールソーシャルワーク事業プログラムは教育委員会担当者やスクールソーシャルワーカーを含む研究チームにより内容的妥当性が確保された上で調査が実施された。

　なお，このプログラムにおける教育委員会のアプローチは，①事業開始に向けて必要な要素，②事業の配置，③職務設計，④スクールソーシャルワーカーの資質維持，⑤事業・実践の評価，⑥事業の促進，⑦事業の拡充，の7つのプロセスからなる。また，スクールソーシャルワーカーのアプローチは，①学校組織，②教育委員会，③関係機関，④子ども・保護者，という4つの利害関係者からなる。

　調査の結果，スクールソーシャルワーカーのプログラム実施度と自身が評価するアウトカムとの関連について，ケース会議およびケース会議の前さばき，後さばきを行うことがアウトカムにつながり，教育委員会との間で学校との調整，ケース会議に向けた戦略を練ること，関係機関との間でケース会議の内容の焦点化と事前調整を行うこと，が連携システムの円滑化につながる様子が示された。また，子ども・保護者へのアプローチと子ども・家庭の状況変化，QOLの向上との間に関連が見られる様子が示された。

[3] 効果的なスクールソーシャルワーク事業プログラムの修正

　作成されたプログラムによるスクールソーシャルワーカー等を対象とした実践家参加型ワークショップが繰り返し実施され，その中でプログラムの改善・再構築が図られた。その中で，まずモデルの再構築が図られ，さらに修正版モデルが改善・再構築されてモデルの完成が図られた。その結果，組織計画について，概念が未整理のところと研究者の視点が現場を捉えきれていないところが修正された。また，プログラムの構造等の修正が図られ，さらに，スクールソーシャルワーカーのマクロアプローチに関する項目が追加された。

　また，サービス利用計画について，スクールソーシャルワーカーの基本姿勢が実践の前提として項目外に追加された。項目については，学校，教育委員

会，関係機関，子ども・保護者のそれぞれに対するアセスメント，プランニング，プラン実行，モニタリングのプロセスについて重複や漏れがないように整理された。そのうえで，それぞれの計画の整合性に留意された再構築が行われた。

さらに，インパクト理論（ゴール設定に関わる設計図）について，どのような客観的指標を設定すればよいか議論が行われ，学校，教育委員会，関係機関，子ども・保護者などに対するものだけでなく，スクールソーシャルワーカー自身に対するアウトカムが存在し，それを明確にする必要性が挙げられた。また，最終アウトカムを目指すための中間アウトカムについて教育環境と家庭環境の2つのカテゴリーを意識し，それらが可視化しやすい形で示されることになり，スクールソーシャルワーカー，教員，他の専門職がそれぞれのアウトカムに影響しあい，相互の関係が効果的なアウトカムを産むようなインパクト理論が構築された。

[4] **効果的なスクールソーシャルワーク事業プログラムの検証**

作成されたプログラムの実施状況を確認するために，プログラム実践前と実践後について同一の内容での調査による検証が行われた。その結果，教育委員会担当者については実践後の方が実践前よりも実施されたプログラム項目が増えている様子が示された。そしてその中でも，課題分析と情報収集を踏まえたフレームづくり，管理職とスクールソーシャルワーカー担当教員との戦略的協議についてプログラム実践後に大きな伸びが示された。一方，スクールソーシャルワーカーについては，プログラム実践前と実践後とで実施されたプログラム項目に大きな違いは見られなかった。

次に，教育委員会担当者とスクールソーシャルワーカーのプログラム実施度と効果との関連について検証が行われた。まず，教育委員会担当者のプログラム実施度と効果との関連について，実施前ではいくつか実施と効果に関連が見られたが，実施後では，実施と効果に関連が見られる項目が増え，作成されたプログラムに基づく実践を行うことが効果につながる傾向にあることが示された。

一方，スクールソーシャルワーカーのプログラム実施度と効果との関連につ

いては，プログラム実践を行う前の段階ですでに実践と効果との間に多くの項目で関連が見られ，プログラム実践を行った後の段階でも同様に実践と効果との間に多くの項目で関連が見られた。

［5］効果的なスクールソーシャルワーク事業プログラムの完成

モデルの作成，修正モデルの作成，試行調査，意見交換会を通して最終的なプログラムが確定された。まずインパクト理論（ゴール設定に関わる設計図）について，インパクト理論の最終アウトカムは，子どもと地域に焦点化し，1人の子どものQOLの向上／支えあう地域と定められた。

そのうえで，最終アウトカムに向かう中間アウトカムについて教育環境と家庭環境という2方向から捉えられた。その理由は，最終アウトカムを目指すためには，その基盤となる子どもの居場所である教育環境の安心・安全の向上と家庭環境の安心・安全の向上が必要になるからだとされた。この，教育環境の安心・安全の向上のアウトカムは子どもの学ぶ力の向上を図ること，学校でのいじめの解消やリスクの減少を図ること，子どもの問題行動の早期発見を行うことから生じるとされた。また，家庭環境の安心・安全の向上のアウトカムは，家庭，保護者の養育力の向上，学校と保護者が良好な関係を図りながら子どもと関わること，で生じるとされた。

また下位アウトカムは，子ども・家庭への認識変化，協働に対する認識変化，によって生まれる校内外を結びつけるシステムづくりからなるとされた。さらにそれぞれのアウトカムにスクールソーシャルワーカー側の教員の専門性の尊重，スクールソーシャルワーカーや他専門職と教員との対等感の獲得，学校教育に生かせるスクールソーシャルワーカーの専門性の向上，教員の学校教育に生かせるスクールソーシャルワーカーの専門性の理解，が影響しあう関係にあるとされた。

3. 説明実践への期待

福祉分野における説明実践に重要な役割を果たすEBPについて，その誕生，展開，実施手順，評価方法，展開における注意点を紹介し，あわせてその

展開例について紹介したが，現状として日本の福祉分野における EBP はその展開がほとんど進んでおらず，そのため根拠に基づく説明実践が福祉実践の中で十分に行われていない状況となっている。

しかし，福祉分野における説明実践はエビデンスをもとに展開される必要があり，その意味でも今後日本において EBP の考え方と実践が広まり普及していくことが必要になる。

その際に，欧米のように厳密な基準に基づいて EBP を構築していくのか，日本の現状に即した形で展開を図るのかということは議論の的になるが，EBP に類するものも含めて日本において今後エビデンスに基づく福祉実践を展開することが必要になり，そのなかで説明実践を大切にし，展開していくことが不可欠になると考えられる。

公認心理師への提言

福祉分野における説明実践に関して，その根拠として重要な役割を果たす EBP について，誕生，展開，特徴，実施手順，評価方法，展開における注意点および展開例について紹介してきたが，エビデンスを基にした説明実践を行うことは心理職や福祉職などの対人援助職それぞれの領域における実践の質を向上させるだけではなく，それらの専門職間の連携を図るうえで非常に重要になる。これは，連携においてエビデンスに基づく説明実践を行うことが専門職相互の実践に関する理解や情報の共有につながり，そのことが最終的には支援を必要とするクライエントの利益につながるためである。このように，今後さらに心理職と福祉職との間でエビデンスに基づく説明実践が広がっていくことにより，専門領域の連携に基づく幅の広い対人援助が展開されていくことが期待される。

読書案内

大島 巌 (2016). マクロ実践ソーシャルワークの新パラダイム――エビデンスに基づく支援環境開発アプローチ：精神保健福祉への適用例から　有斐閣　(推薦理由：日本の精神保健福祉領域において展開された EBP の実際についてまとめられており，EBP の全体像と実例について関連付けて理解できる内容となっている。)

山野 則子 (2015). エビデンスに基づく効果的なスクールソーシャルワーク――現場で使える教育行政との共同プログラム　明石書店　(推薦理由：エビデンスに基づくスクールソーシャルワークプログラムの形成についてまとめられており，EBP の形成過程について理解しやすい内容となっている。)

13章　福祉分野の説明実践

文 献

秋山 薊二 (2005). Evidence-Based ソーシャルワークの理念と方法——証拠に基づくソーシャルワーク (EBS) によるパラダイム変換　ソーシャルワーク研究, *31*(2), 38-46.

秋山 薊二 (2007). エビデンスに基づくソーシャルワーク (EBP, EBS) に対する　誤解の諸相——EBS の実相と PBR　関東学院大学文学部紀要, *112*, 73-88.

秋山 薊二 (2011). エビデンスに基づく実践 (EBP) からエビデンス情報に　基づく実践 (EIP) へ——ソーシャルワーク (社会福祉実践) と教育実践に通底する視点から　国立教育政策研究所紀要, *140*, 29-44.

増田 公香 (2009). ソーシャルワークにおけるエビデンス・ベース・プラクティス (EBP) の出現——近年のソーシャルワークにおける新たな動向　聖学院大学論叢, *21*(3), 273-283.

三島 亜紀子 (2007). 社会福祉学の〈科学〉性——ソーシャルワーカーは専門職か　勁草書房

大島 巌 (2005). ソーシャルワークにおける「プログラム開発と評価」の意義・可能性，その方法——科学的根拠に基づく支援環境開発と実践現場　変革のためのマクロ実践ソーシャルワーク　ソーシャルワーク研究, *40*(4), 5-15.

大島 巌 (2016). マクロ実践ソーシャルワークの新パラダイム——エビデンスに基づく支援環境開発アプローチ：精神保健福祉への適用例から　有斐閣

佐藤 豊道 (2007). アメリカにおけるソーシャルワーク理論と実践——エビデンスベースドの着想と日本への取り込み　社会福祉研究, *100*, 52-58.

山口 創生・米倉 裕希子・岩本 華子・高原 優美子・三野 善央 (2013). 社会福祉実践におけるエビデンスとエビデンス構築の過程：理論から実践へ　社会問題研究, *62*, 67-79.

山野 則子 (2015). エビデンスに基づく効果的なスクールソーシャルワーク——現場で使える教育行政との共同プログラム　明石書店

14章
教育分野の説明実践

岡 直樹：徳島文理大学

　教育分野において公認心理師が扱う問題としては，不登校やいじめ等の心の問題に関心が向けられがちである。しかしながら，日常生活，特に学校生活の中で児童・生徒が学習に携わる時間を考えると，児童・生徒が直面するさまざまな問題状況の解決をめざすためにも，学習面の問題の解決へ向けた支援，すなわち学習支援の必要性，重要性を改めて認識すべきであろう。学習支援は，子どもの発達の支援であり，教育の場での支援ということを考えると，「個に応じた指導」あるいは「学習上の困難に応じた指導」とも言えよう。もちろん，今日の学校教育における課題は学習の問題ばかりではないが，予防の意味からも，すべての子どもへの学習支援は欠かすことはできない。この学習支援における説明は，大きく，何を誰に説明するかという2つの点から捉えることができる。何を説明するかについては，支援の方針や計画についての説明，支援の経過についての説明，さらには，支援の際の説明の3つの観点から捉えることができる。また，これらの説明を子どもに対してばかりでなく，保護者に対しても行うところに学習支援における説明の特徴があろう。ここでは，学習支援における説明について事例を紹介しながら考えたい。

1．学習支援の方針・計画についての説明

　学習支援においては，アセスメントに基づき，どのようなつまずきがあるか，どのつまずきの解消を図るか，そのための学習支援の方法，および，今後の支援計画についての説明が行われる。
　それでは，保護者から「子どもが指を使って計算するのが心配である」とい

14章　教育分野の説明実践

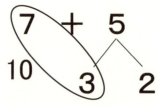

図14-1　さくらんぼ算の例

う訴えがある事例で考えてみよう。まずはアセスメントを通して,「指を使って計算している」ことについての仮説をたて,そして支援の方針をたてることになる。子どもはどのような指の使い方をしているのか,子どもの計算の様子を観察し分析することから始めなければならない。しかしながら,そもそもカウンセラーの前で指を使って計算をしてくれるかどうか,子ども自身が気にしていれば堂々と指を前に出して計算することはないだろう。机の下で指を動かしていたり,あるいは頭を少し振っていたり等,注意深い観察が必要となる。そして,指を使い「数え足し」を行っていれば,数の合成,分解が習得できていないことが考えられる。そこで,子どもには

「こうすれば,もっと簡単にできる」

「もっと早くできる」

「もっと正確にできる」

と,小さい方の数を分解して10を作る方法（さくらんぼ算図14-1）を説明する（教える）。ここでのさくらんぼ算の説明の詳細は,第3節で述べる。

　そして,「さくらんぼ算ができるようになったら良いね。そのためには,数を分けることの練習も必要だよ。ブロックやカードを使って練習してみようか」というように,どのように学習を進めていくか,子どもに対して説明する。

　一方,保護者には,例えば,次のように支援の方針や計画を説明する。

「指を使って計算をしていますが,数え足しをしているようです。これは,計算の基礎の数の合成,分解ができていないからではないかと思います。計算の基礎になるものですから,まずこのつまずきから取り組んでいきます」。

「ここでは,数感覚を養うためにも数の合成,分解の練習から始めることに

します。練習は，最初はブロックを使ってやります。ブロックを使ってできるようになったら，カードを用いて練習するようにします。この練習をやりながら，さくらんぼ算をやっていきます」。

　支援の方針，計画の説明においては，複数あるつまずきから，まず何を取り上げ，その解消へ向けてどのような支援を行うか，そこから始める理由，残りのつまずきはどのように取り上げていくかについて説明することになる。つまり，当面の支援計画と先を見通した長期に渡る支援計画を示しながらの説明である。ただし，この支援の方針や計画は，アセスメントの結果を説明しながら，保護者の考えも十分に聞いたうえで立案していくことが重要である。可能な限り，保護者も支援チームの一員として加わるような働きかけが求められる。

　このように，支援の方針，計画を説明することは，もちろん説明責任を果たすことになる。それに加え，この説明は，どのように子どもを支援すればよいか，その方法を保護者に伝えることにもなる。つまり，説明を通した指導，助言である。学習支援の時間は限られたものである。練習の繰り返しを確保するためには，家庭での学習も重要である。したがって，可能そうであれば，家でも数の合成，分解の練習をしてみるように依頼する。さらに，「外的資源として指を使うことは，良くないとは一概に言えない」ことも伝えたいところである。

2. 学習支援の経過についての説明

　学習支援の経過についての説明の中心は，子どもの変化についてである。これは，保護者にばかりでなく，子どもへも直接伝えたい。
　つまずきのある子どもは，学習性無力感に陥っていることが多い。したがって，「わかる」ようになってきている，「できる」ようになってきているという説明は子どもを褒めることなり，自己効力感を向上させる。学習性無力感に陥っている子どもは従来から指摘されているように，自分のパフォーマンスを適切に評価できなくなっていることが少なくない。そのため，この説明に際しては，子どもの変化を表している根拠を示すことが必要である。そして，子ど

もの変化を図にするなど，視覚的に捉えることができるようにする等の工夫が必要となる。このように，子どもへの支援の経過説明は，それ以降のさらなる改善への動機づけにもつながるものである。ただし，毎回の支援の結果を，カウンセラーばかりが説明することは好ましくない。子ども自身に自らの学習のプロセスや結果を振り返らせ，かつ，それを子ども自身に説明させることも忘れてはならない。「何ができるようになったか」，「何がわかったか」，というような振り返りは学習内容のリハーサルにもなるため，記憶定着の向上が望まれる。さらに，「何が良かったのか」，「うまくいかなかったところはどこか」，「なぜうまくいかなかったのか」，といった教訓帰納も含めた振り返りを行い，その説明を行うことにより，学習方法の獲得にもつながる。

一方，保護者への説明においては，子どもの変化の説明と同時に，その日の支援の方法についても説明する。さらに，支援の成果に沿って，支援計画の修正，あるいは支援方法の変更等の説明も加えていくことになる。このような説明を通して，その子どもへの効果的な支援方法，あるいは学習方法を保護者へ伝えることができる。このことにより，家庭での学習にも改善が期待できるようになる。

例えば，見通しがもてないと不安になる子どもには，学習支援についてもその日のスケジュールを，わかりやすく視覚的に示すことが非常に有効である。このようなカードを机の上に置いてやるだけで，子どもは先を見通すことができるようになり，落ち着いて学習できるようになる。

3．学習支援（指導）における説明

ここでは，学習支援における，言い換えるなら個別指導を行っている間の説明について，その特徴や注意点等について述べてみよう。

まず，学習支援において，子どもに「考えさせる」のか，あるいは「教える」のか，という問題から取り上げてみよう。これは取りも直さず，今日の学校教育における重要な争点の1つである。もちろん学習支援において，教えるのか，考えさせるのか，このどちらで支援を行うかは，それぞれの子ども，そして支援の対象とする学習内容により変わるものである。それでは，教える際

3. 学習支援（指導）における説明

の説明から考えてみよう。

　理解困難あるいは知識の不足や誤りといった問題のある子どもに教える際の説明の基本は，外的資源を利用して説明することである。学習におけるさまざまな処理はワーキングメモリが担っていると考えられているが，このワーキングメモリの処理資源には容量の制限があることが知られている（例えば，Baddeley, 1997）。外的資源を利用するのは，ワーキングメモリの処理容量の問題への対応に他ならない。教えてもらいながら，つまり，説明を聞きながら，その情報をワーキングメモリ内で理解するための処理をしていくことになる。そこで，ワーキングメモリの処理容量の小ささをカバーするために，ワーキングメモリの記憶負荷を軽減する目的で，外的資源を用いながら説明するのである。

　例えば，前述のさくらんぼ算については，言葉による説明だけではなく，最初は具体物やブロック等を操作しながら，10の合成，分解を理解できるようにすることが重要である。

　また，数の合成，分解をスムーズにできるように，図14-2のようなカードを外的資源として利用することも有効である。このカードは，10をまとまりにして，10は「いくつ」と「いくつ」かを視覚的に捉えやすくしたものである。このカードを見ただけで，「7」とわかるか，それとも数えないとわからないかを，まずアセスメントをしておかなければならない。そして，数えなくても見ただけでわかるのはいくつまでかも，アセスメントが必要となる。数えなければわからないカードについて，数えさせながら「いくつ」と「いくつ」かを答えさせる。これを繰り返し練習していく。そして，計算練習に入った段階でも，カードを机の上に置いておいて，必要であれば見ながら計算してもよいようにする。このように，実際に操作をして考える（数える）段階から，操作し

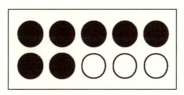

図14-2　10のまとまりカード

14章 教育分野の説明実践

> はじめにあめ玉が16個ありました。
> 子どもたちにくばったので，のこりは5個になりました
> 何個くばりましたか。

図14-3　逆思考の文章題

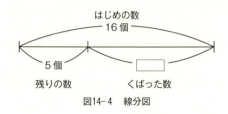

図14-4　線分図

なくても見て数えることができるように，そしてカードを見なくても計算できる段階へ到達できるように支援していく。

　図14-3のような算数文章題を説明する際に用いる外的資源としては，具体物としてあめ玉，半具体物としておはじき，絵，図などが考えられる。このうちのどれを用いるのがわかりやすいかは，アセスメントを通して把握しておかなければならない。また，具体物から始めたとしても，最終的には図を利用して数量関係を捉え，立式できるように支援していく。

　ところで，図14-4のような図を外的資源として，つまり道具として使えるようにするためには，描き方を教える（説明する）こと，そして図を使うことの有用性を説明することの2つが必要になる。図の描き方については，どこから描き始めるのか，この問題であれば「はじめに」の長さを決めて「はじめに」にあたる部分から描きはじめることを説明することになる。もちろん，修正しながら描いていってもよいことは伝えておかなければならない。しかしながら，問題文を読み，図に表していくことは子どもにとり困難なプロセスであろう。そもそもどのように考えながら描いていけばよいか，わからないのではなかろうか。そこで，描き方の説明においては，カウンセラーがどのように考えながら図を描いていっているか，その認知過程を言語化して説明する。つまり，認知過程を言語化することによるモデリングを行うことが有効であろう。

　図の有用性の説明については，植阪（2009）も指摘しているように，これを

3. 学習支援（指導）における説明

言語的に説明するだけでは図の自発的利用にはつながりにくい。実際に図を描いて考えた方がわかりやすかった，という体験をさせる必要がある。

ここまでは，カウンセラーが説明するための道具として外的資源の利用について述べてきた。しかし説明はカウンセラーばかりが行うものではない。次に子どもによる説明について取り上げてみよう。子どもに説明させることの意義は，市川（2000）によれば，カウンセラー側からみれば，子どもの理解度の診断である。これに対して，子ども側からは，自分の理解度を把握し，理解度を明確化し，理解をさらに深化させることにある。

1つ例を挙げてみよう。小学生にcmをメートルへ変換することを教えていた時のエピソードである。

　　カウンセラー：50cmは？

　　子ども：0.5m

　　カウンセラー：正解。それでは70cmは？

　　子ども：0.7m

　　カウンセラー：ばっちり正解，いいね。それでは65cmは？

　　子ども：5.6m

この時の子どもの認知構造はどうなっているのだろうか。学習支援において，子どもの認知構造の理解は非常に重要である。経験豊富なカウンセラーであれば，このような誤った知識の学習を予測しながら支援を行うことができるかもしれない。しかしながら，子どもが想定外の反応をすることはいつでも起こりうると認識しておくべきであろう。この例では，最初に「0.5m」と答えた段階で，どのように考えて答えを出したかということを子どもに説明させておくべきではなかったか。そうすれば，最初の段階で誤った知識の学習に気づくことができたはずである。

また，外的資源を利用した説明は子どもにも求めるべきである。そしてその際は，子どもに道具を操作させる，そして，道具を用いながら説明させることが肝要である。このことにより，自分自身の理解度の把握や理解の深化ばかりでなく，道具を利用して学習を進めるという，学習方法の習得も促進される。

4. おわりに：学習支援における教科書の利用

これまで述べてきた学習支援の計画や方法は，算数教育についての知識がなければできないと思われるかもしれない。心理学の専門家である私たちに，教科の学習に関する学習支援ができるのか，という疑問はつねにつきまとうものであろう。そのような私たちにとり強力な援助資源となるものは教科書である。教科書を使うこと，教科書で学習支援を行うことである。教科書の利用について，岡（2012）に示されている一次方程式のつまずきの例から考えてみよう。

$$5x = 4x + 2$$
$$5x = 4 - 2$$
$$5x = 2$$

図14-5　つまずきの例

数学の教科書では一次方程式について，たとえば以下のような解く手順のまとめが掲載されている（藤井・俣野, 2017）。「方程式は，次のような手順で解くとよい。①xをふくむ項を左辺に，数の項を右辺に移項する。②$ax=b$の形にする。③両辺をxの係数aでわる（89ページ）」。これをみると，この中学生は①と③に問題があることがわかる。そして，①の移項については，その前の88ページに，移項の考えを使って方程式を解くことが説明されている。さらにその前の87ページでは「方程式を等式の性質を使って解いてみよう」と等式の性質を使って解くこと，さらに前の86ページでは，方程式を変形するには等式の性質を使うと，移項の基礎的な考え方が説明されている。このように教科書をたどっていくことにより，この中学生は，教科書の86ページから87ページで説明されている，等式の性質を使って方程式を変形していくということが，わかっていないのではないかという見立てができる。したがって，支援としてはまず，等式の性質を理解させたうえで，右辺からxをふくむ項をなくすために，両辺から右辺のxをふくむ項を引くことを練習するという支援計画をたてればよいことになる。

4．おわりに：学習支援における教科書の利用

　このように，教科書を見れば，そして教科書を前へ遡っていけば，どのように習ってきたのかを把握することができ，どこでつまずいているのか，どのように支援すればよいかを知ることができる。この時，問題も自分で考える必要はなく，教科書に載っている問題を使えばよい。自分で問題を作成すると，まだ学習していないことが含まれてしまう危険性があることを考えると，教科書の問題を使う方がよいのである。

　ところで，その子どもに対する援助チームには，教師が必ず入っているはずである。教師と連携をとりながら学習支援を実行していくことが求められる。

公認心理師への提言

　子どもが，教育を受けるうえで直面する問題を解決していくためには，心理面だけでなく学習面の問題への対処や予防を支援していくことが必要である。教育分野において公認心理師が果たすべき役割の1つは，この学習面の問題に対する支援であり，これは教育分野の大きな特徴である。本章ではこの学習支援における説明について取り上げた。しかしながら，心理に関する支援として，この学習支援にはあまり関心が向けられていないのが実情であろう。学習における心理過程は言うまでもなく認知過程であり，それは古くから心理学の研究対象である。そして，その過程に生ずる問題を理解し，解決へ向けた支援方法を研究し実践していくこともまた心理学の重要なテーマであるはずである。にもかかわらず，心理学者，特に基礎心理学を研究している心理学者は，「理論」ばかり注目し，「支援」つまり「実践」には無関心である。市川（1989）が提案しているように，認知心理学，学習心理学を専門とする研究者も積極的に実践に関わるほうが，基礎研究の進展のためにも望ましいと思われる。一人でも多くの研究者，そして公認心理師が，学習支援に関わるようになることを念じて筆を置きたい。

読書案内
石隈 利紀（1999）．学校心理学――教師・スクールカウンセラー・保護者のチームによる心理教育的援助サービス―― 誠信書房 （推薦理由：教育分野での支援の基盤となる学校心理学の理論ばかりでなく，子どもの問題状況のアセスメント，カウンセリング，さらにはコンサルテーションなど実践についても論じられている。教育分野での心理に関する支援のテキストとして，上級者から初心者まで最適な書籍である。）
市川 伸一（編著）（1993）．学習を支える認知カウンセリング――心理学と教育の新たな接点―― ブレーン出版 （推薦理由：学習支援の方法としての認知カウンセリングの理論的背景に加え，実践編としてケース報告が掲載されている。認知カウンセリングのバイブルである。）

文　献

Baddeley, A. D. (1997). *Human memory: Theory and practice* (revised edition). Hove, East Sussex, UK: Psychology Press.
藤井 斉亮・俣野 博（代表著者）(2017). 新編新しい数学1　東京書籍
市川 伸一 (1989). 認知カウンセリングの構想と展開　心理学評論, *32*, 421-437.
市川 伸一 (2000). 概念, 図式, 手続きの言語的記述を促す学習指導：認知カウンセリングの事例を通しての提案と考察　教育心理学研究, *48*, 361-371.
岡 直樹 (2012). 認知カウンセリング：認知心理学に基づく個別の学習援助　宮谷 真人・中條 和光（編著）　認知・学習心理学（pp.548-561）ミネルヴァ書房
植阪 友理 (2009). 認知カウンセリングによる学習スキルの支援とその展開：図表活用方略に着目して　認知科学, *16*, 313-332.

15章
司法犯罪分野の説明実践

廣井亮一：立命館大学

　司法犯罪分野は公認心理師にとってなじみの少ない分野である。裁判所は「開かれた司法」を標榜しているが，その世界は未だ閉ざされたままである。しかし，法化社会が急速にすすむわが国において今後，法的枠組みを踏まえた心理臨床や司法過程の各ステージでの心理臨床的関与がさらに求められることになる。

　司法領域の中核をなす裁判所では，刑事裁判/少年審判で罪を犯した成人や少年の処分を決めたり，民事裁判/家事審判で第三者間や家族の紛争を法的に判断したりする。本稿では犯罪・非行を取り上げて，公認心理師等が司法犯罪分野で説明を果たすための基礎的知識とその実践について解説する。

1. 刑事司法と少年司法

　司法における説明実践を考える場合，犯罪者や非行少年がどのような司法過程に置かれるのかについて理解しておかなければならない。刑事司法の流れは比較的わかりやすいが，少年司法の流れはやや説明を要するので図15-1を提示する。

　刑事司法は，成人の犯罪者の逮捕，警察・検察による捜査を経て，検察官が起訴した事件について裁判所が受理して裁判を行う。地方裁判所などにおける刑事裁判の手続は，国家の刑事罰権（検察側）と加害者の人権（弁護側）という対立的な関係図式で成り立ち，裁判官等（裁判員裁判の事件は裁判官と裁判員）が法的基準に従って罪の認定と量刑を決定する。

　犯罪が立証されれば，その罪に対する応報として国家が加害者に対して刑務所などで刑罰を科す（刑の執行猶予，保護観察付執行猶予などもある）。仮釈

15章　司法犯罪分野の説明実践

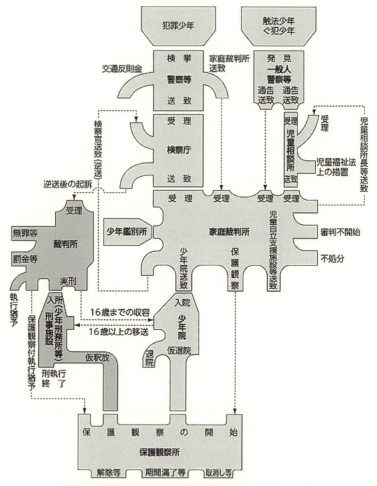

図15-1　非行少年に対する手続の流れ（平成26年版犯罪白書）

放後は保護観察による社会内処遇に付される。

　こうした刑事司法における公認心理師の関与としては，精神鑑定における心理テストの実施，後述するような情状心理鑑定，弁護士との協働による弁護活動[1]，民間刑務所[2]における受刑者処遇の心理臨床的関与などがある。

---

1) おおいた市民法律事務所では臨床心理士を正規のスタッフとして，弁護士と臨床心理士が協働している。

それに対して少年司法では，14歳以上20歳未満の少年（女子も少年という）の事件を警察・検察で捜査したうえですべて家庭裁判所へ送致する（全件送致主義という）。軽微な事件であっても全事件を送致するのは，少年司法の目的が少年法1条[3]に明記されているように，少年の健全育成であり，非行性が深まらないうちに保護するためだからである。

　そのために家庭裁判所は国親的立場（パレンス・パトリエ）から，家庭裁判所調査官による調査や処遇的関与を行いながら，少年の適切な更生の方法を見極めて処遇を決める。社会内処遇としては保護観察，施設内処遇としては少年院などがある。

　14歳未満の触法少年には，少年司法による処遇よりも福祉的なケアが必要であるとして，児童相談所に通告して（児童福祉機関先議主義という）児童相談所が福祉の観点から児童の更生のための援助をする。なお，14歳未満の児童が重大事件を起こした場合など，児童相談所が家庭裁判所の処遇決定によることが相当であると判断したときには，家庭裁判所に送致される。

　こうした非行少年や要保護児童に立ち直りの援助を行うために，さまざまな場面で公認心理師らによる心理臨床的な関与が必要になる。

2．「非行少年」とは

　ここまで刑事司法と少年司法の違いについて述べたのは，私たちは「非行」と「犯罪」の相違についてほとんど理解していないように思われるからである。それが「非行少年」と「犯罪少年」との違い，ひいては「成人の犯罪者」と混同して刑罰の論議に終始しているのが現状である。

　「非行少年」とは少年法3条からすれば，次のように定義される。

---

2) 島根あさひ社会復帰支援センターでは臨床心理士が認知行動療法などによる受刑者処遇に関与している。
3) 少年法1条：この法律は，少年の健全な育成を期し，非行のある少年に対して性格の矯正及び環境の調整に関する保護処分を行うとともに，少年の刑事事件について特別の措置を講ずることを目的とする。

15章　司法犯罪分野の説明実践

非行少年 ┌ ・犯罪少年：14歳以上，20歳未満で犯罪行為をした少年
　　　　 ├ ・触法少年：14歳未満で刑罰法令に触れる行為をした少年
　　　　 └ ・ぐ犯少年：20歳未満で将来，罪を犯し，または刑罰法令に触れる行為をするおそれがある少年

　犯罪少年を14歳以上，触法少年を14歳未満と区別しているのは，刑法では刑事責任が発生する年齢を14歳以上としているからである。刑事責任年齢に達していない14歳未満の少年が刑罰法令に触れる行為をした場合，触法少年という。

　例えば，2004年に起きた小6同級生刺殺事件の11歳の加害女児に殺人罪は問えない。触法少年である女児は刑事責任能力がないからである。なぜ，刑事責任年齢を14歳以上にしているかについては諸学説があるが，発達心理学の観点によれば，人格が統合されて行為の責任を問える年齢を14歳以上としている。

　ぐ犯少年とは，犯罪や触法行為を未だしていないけれども，将来，そのおそれがある少年をいう。ぐ犯少年を非行少年に取り込んでいる理由は，例えば家出を繰り返して，暴力団員など犯罪性のある人と交際している少年や風俗で働いている女子などを保護するために適用することがあるためである。

　このように，少年の犯罪行為，触法行為，ぐ犯行為を「非行」という概念で包括することは，成人の犯罪者に対する刑罰と非行少年に対する保護を明確にするために重要である。したがって，「非行」とは少年を罰するための帰着点ではなく，保護と更生を期すための契機であると言えよう。

　表15-1は，ここまで述べた刑事司法と少年司法を対比させ，犯罪/非行の意味，裁判/審判の目的，当事者性，犯罪/非行の捉え方等についてまとめた

表15-1　刑事司法と少年司法（廣井，2005を一部修正）

	刑事司法	少年司法
犯罪/非行	国家に対する法益の侵害	少年の更生につなぐ契機
裁判/審判の目的	罪の認定とその罪に対する刑罰	少年の健全育成
当事者性	国家（被害者）⇔加害者	国家⇒少年（その保護者）
犯罪/非行の捉え方	法	法と心理臨床
実践の場	地方裁判所，刑務所など	家庭裁判所，少年院など

ものである。このような両者の相違が公認心理師らの心理臨床家の説明実践にどのような作用をもたらすのか刑事司法をもとに検討する。

3. 刑事裁判における説明実践

　司法における説明の特異性を端的に示すのが刑事裁判における心理臨床的関与である。刑事裁判において心理臨床的観点から獲得した犯罪者の理解，犯行動機や更生の方法についての知見を説明する際には，主に次の三者に開示しなければならないからである。

　裁判官・検察官・弁護人などの法律家，裁判員などの一般市民，そして被害者や加害者などの当事者とその家族である。さらに，検察官・被害者と弁護人・加害者は対立する説明利用者である。そうした実践において他の領域以上に説明の困難を極めることになる。

　少年司法と刑事司法の目的は基本的に異なるが，説明者の置かれる状況は相似している。以下，刑事裁判における情状心理鑑定（廣井，2013）を取り上げて解説する。

　従来，精神鑑定といえば責任能力の鑑定といっても過言ではなかったが，2009年に始まった裁判員裁判で一般市民が裁判に参加して以来，情状心理鑑定の必要性が高まっている。それはわが国の裁判員制度では犯罪事実の認定（有罪か無罪か）だけではなく，刑の量定判断も行うことに関係する。

　情状心理鑑定とは，「訴因事実以外の情状を対象とし，裁判所が刑の量定，すなわち被告人に対する処遇方法を決定するために必要な智識の提供を目的とする鑑定である」（兼頭，1977）。刑事裁判では基本的に訴因事実（簡潔に言えば犯罪に限定された事実）だけをもとにして検察官と弁護人が争い，裁判官らが判決を下す。そうした刑事裁判のプロセスで実施する情状心理鑑定においては，心理臨床家が被告人の生育歴，家族歴，友人関係，などの諸環境などを捉え，被告人にとっての事件の意味，そしてどのように処遇すれば被告人は更生できるのかを見極める。それを裁判官らが参考にして刑の量定を判断するのである。

15章　司法犯罪分野の説明実践

情状心理鑑定例—動機不可解な殺人事件をもとに
殺人事件；裁判員裁判（事例は秘密保持のため再構成した）
男性会社員（20歳代）による職場の女性上司（30歳代）の殺人事件

「殺す相手は誰でもよかった」と供述している被告人が，熱心に指導をした何の恨みもない女性上司を数十回にわたりめった刺しにして殺害した事件である。

本件では，精神科医による起訴前の精神鑑定が実施された。精神鑑定の結果，被告人は刑事責任能力には問題ないが，発達障害の傾向が認められるということであった。被告人の述べる犯行動機は，「自暴自棄になって誰でもいいから殺してしまおうと思った。たまたま上司が職場に一人でいて殺害の機会があったから殺害した」というものである。

それに対して，被害者の親は，「犯人は，娘を殺した理由について，誰でもよかった，と話していると検事から聞きました。でも，そんな話では，なぜ娘だったのか，どうして娘がこんなことになったのか，全くわかりません。何も説明していることになりません」，「自暴自棄になって，誰でもいいから殺した。この理由で私たちは納得できるでしょうか」と訴えた。

弁護人は，被告人が「殺すのは誰でもよかった」としながら，何の恨みもない女性上司を殺害対象に選び，しかも助命を乞う被害者をなぜ数十回にわたってめった刺しにしたのか，という殺害動機と態様が不可解であるとして，臨床心理士に情状心理鑑定を依頼したものである。

＊

臨床心理士が被告人の母親と面接をしたところ，「産まれてきたこの子（被告人）の顔が夫と姑の顔に似ており，この子を抱く気にもなれなかった」と述べ，出産当時の夫婦の不仲と姑と関係の悪さを吐露した。母親は夫と姑との問題や不安などを出産直後のわが子に映し見てしまったのである（悪性投影）。それ以来，母親は3人兄弟のなかで被告人だけを極端に疎んじてネグレクトしてきたことを明らかにした。

すなわち，被告人が述べた「殺す相手は誰でもよかった」という無差別的な殺意は，最早期の母子関係（養育者との関係）をもとに形成される基本的な人間関係を欠損させ（一次欠損），その後の他者との緊密な関係を形成できない

ことを示している。言い換えれば、被告人は「殺す相手を特定することができない」のである。

それに加えて、被告人の発達障害的傾向がその後の人間関係の歪みを増幅させ、学校や社会における友人関係、対人関係を失敗させた。そして本件直前に初めて親しくなった女性に見捨てられ（見捨てられ体験）、同時期に女性上司による叱咤激励の指導が行われた。そうしたことが、自分を見捨て虐待した母親の姿を女性上司に浮かび上がらせ（投影）、犯行の引き金になったのである。

このようにして、「殺す相手は誰でもよかった」という被告人が、熱心に指導した身近な女性上司に激しい怒りを示してめった刺しにするという、矛盾した犯行の動機と態様が心理臨床の観点から解明されたのである。

裁判では、弁護人は臨床心理士の情状心理鑑定をもとに、被告人の犯行動機に考慮すべき点があり、刑に酌量の余地を与えるべきだと主張した。それに対して検察官は、犯行動機は被告人が供述している通りであり、無差別的な凶悪事件であるとした。その結果、裁判官・裁判員の判決は、検察官の求刑意見をほとんど採用して、被告人を無期懲役刑に処した。

4．刑事裁判における心理臨床的説明の困難性

結局、本件判決では情状心理鑑定で解明した、被告人の不可解な犯罪動機と態様の解明はほとんど量刑に反映されず、被害者の母親が「何も説明していない」と批判したような、検察官の意見をそのまま判示しているだけである。被告人の更生の可能性についても、矛盾した犯行動機について被告人が説明できないことを「反省の態度が見られず更生の可能性が乏しい」とするだけで、被告人が語ろうとしない、語ることができない理由を何ら明らかにしようとしない。判決は、犯行の悪質性と遺族らの処罰感情を強調しただけであるといっても過言ではない。

本件裁判は、法律家たちが法の言葉による法的議論に終始しただけではないだろうか。心理臨床的観点から、時間軸としての生育歴と空間軸としての人間関係などが交差する地点で浮かび上がる"総体としての生身の人間"として被告人を捉えていない。結局、殺人という事件を起こした凶悪で不気味なモンス

ター像を被告人に被せただけである。

　犯罪者に対する世間の認識も同様である。凶悪な犯罪や非行，悲惨な児童虐待，酷いいじめなどが起きるたびに，そのような加害者には厳しい罰を下して社会から排除してしまえ，と声高になる。現代の社会風潮は，メディアによる限られた情報に不安感，恐怖心を煽られて，加害者をあたかもモンスターのように捉え，ネットで少年の実名や顔写真をばらまいたり「暴露本」などを出したりして，ヒステリックになった自分と社会の熱を冷ますことを繰り返している。このようなことは被害者に寄与しているのではなく，被害者の憎悪と悲しみを増大させているだけではないだろうか。

　刑事裁判では，検察官が論告するような表面的，常識的な犯罪動機が判決に反映されることが多い。それについて弁護士の辻（2012）は，「行為と結果に関する事実を解明すれば，犯罪行為に対する責任非難としての刑罰を決めることは可能であり，真の動機は必ずしも必要とされない」「たとえ表面的な動機であっても，一応の論理的関係があって，説明のつく動機が存在しているのであれば，刑事裁判としてはそれで十分に判決を下すことができるようになる。動機の追及，解明は，裁判では必ずしも必要でなくなる」からだと指摘している。

　刑事裁判においては，心理臨床の知見を導入した説明はこのような隘路に陥る。

5．司法における説明の在り方

　では，公認心理師などが心理臨床的観点から獲得した知見を司法の各受け手にどのように説明すればよいのか。筆者の家裁調査官時代の実践をもとに提示する。

[1] 裁判官・検察官・弁護人などの法律家に向けて

　法的認識の枠組みの基本は，法律を基準にして犯罪に関する客観的な事実に限定して，法的観点から直線的な因果論で理解する。そのため犯罪者の理解や犯罪動機も犯行場面に限定された部分的な理解になる。それに対して，心理臨

表15-2　法的枠組みと心理臨床的枠組み（廣井, 2007を一部修正）

	準拠の基準	事実の捉え方	時間軸	境界の設定	思考のプロセス	認識の方法
法的枠組み	法的基準	法的構成	過去志向性	二分割的（白黒）	論理的整合性	直線的因果論
心理臨床的枠組み	個別的基準	多面的把握	未来志向性	非分割的（灰色）	螺旋的思考	＊円環的認識論（システム論）

床的認識の枠組みは，あくまでも一人ひとりの"総体としての生身の人間"を基準にして，さまざま事実を多面的に捉えてあいまいな領域を切り捨てない。さらにシステム論による臨床理論では事象を円環的に理解する[4]（表15-2）。このような両者の理解によれば，より広範に深く捉えた心理臨床的知見のどの部分を切り取って法律家に提示したのかを説明することが重要になる。

　ただし，法と心理臨床のそれぞれの専門家同士の協働においては，それぞれが基盤とする価値，方法論の違いをお互いに認めながら，異なる枠組み同士のダイナミックな相互作用を展開することが求められる。なお，検察官 vs 弁護人など対立する受け手への説明では，心理臨床家として専門的に獲得した知見を双方に対して明確に提示することである。どちらにも阿るような中途半端な説明は論外である。

[2] 裁判員など一般市民に向けて

　事例で提示した，悪性投影，一次欠損，見捨てられ体験，防衛機制，などの臨床用語は心理臨床の専門家集団ではその言葉の意味とそれに含蓄する内容を共有できるが，一般市民には，心理臨床の専門用語を使わずに日常的な言葉でわかりやすく説明しなければならない。その際に，メタファー（metaphor）を用いて伝えることが効果的である。メタファーとは，ある事柄を説明する際にその事柄と何らかの関係のあるもう一つの事柄で喩えて，表現することである。

---

[4] 円環的認識論：システム論的家族療法などでは，原因が結果を規定するという直線的因果論によらず，事象を円環的，回帰的な関係の連鎖の中で捉えることが特徴である。

なお，裁判員裁判で，一般市民である裁判員は「人」としての被告人に非常に関心を示す。それだけに裁判員裁判では法律家に向けた説明だけでなく，心理臨床で捉えた被告人についての人間理解を提示することが重要である。

［3］被害者と加害者，その家族に向けて

司法における心理臨床的な説明として最も重要な受け手がこの当事者である。

被害者側の訴えは，加害者を法で厳罰に処して刑務所に送ったり死刑にしたりする前に，「なぜ，おまえはかけがえのない家族を殺したのか」「最愛の家族がなぜおまえに殺されたのか」ということを明らかにしてほしいと訴えているのである。

被害者と被害者家族は，検察官が論告するような表面的な犯罪動機を求めているのではない。公認心理師が刑事裁判で心理鑑定に携わった時は，心理臨床の観点から深く解明される加害者の真の犯罪動機を明らかにしなければならない。もし，被害者や被害者家族と直接会うことができればできるだけわかりやすく説明をしてほしい。

事例の被告人の母親は情状心理鑑定の面接を通して，自らの虐待行為を深く反省して，今後何十年でも刑務所に面会に通い続けることを誓った。それは取りも直さず，今後，被告人が受刑生活を通して更生していく最善の方法となりえるのである。こうした加害者側への関わりは，加害者に上辺だけの反省ではない，被害者への贖罪の意思を呼び起こしていく（廣井，2017）。

このような公認心理師の関わりと説明が事件の当事者すべてを癒していくのである。

公認心理師への提言

情状心理鑑定で明らかになった真の犯罪動機を本件被告人が知ることは，彼にとっては未だ持ちこたえられないものである。その意味で彼が供述したレベルの犯罪動機は，自らの崩壊を防ぐための自己防衛でもある。

その意味において，司法犯罪領域では被告人が説明の受け手になる場合の説明実践は，インフォームドコンセントの問題など難しい課題を有する。特に知的障害や発達障害がある被告人の場合，法律家である弁護人だけでは一連の司

法過程で援助しきれない。

　そうした犯罪者に対するサポートで，オーストラリア・ビクトリア州のDHS（Department of Human Services）における実践が参考になる。DHSでは，知的障害のある犯罪者をジャスティス・クライエント（justice client）と称して，司法と福祉・臨床が協働して彼らを援助するシステムを作り上げている（水藤，2008）。DHSのケース・マネジャーが，ジャスティス・クライエントの逮捕，公判段階におけるサポート，判決前調査の実施や，それらに関わる諸機関の連絡と調整など，継続的なサポートを実施している。つまり，司法と福祉・臨床が協働するためのコーディネーターの役割を果たしている。

　日本においても犯罪者，加害者を援助するという動向はあるが，未だ司法の壁に阻まれているのが現状である。今後，司法と福祉・臨床の制度的な協働が望まれる。

読書案内
廣井 亮一（2012）．カウンセラーのための法と臨床――離婚・虐待・非行の問題解決に向けて　金子書房　（推薦理由：カウンセラーなど心理臨床に携わる者が法とどのように協働して，子どもと家族の諸問題の適切な解決ができるかについてわかりやすく解説している。）
廣井 亮一（編著）（2015）．家裁調査官が見た現代の非行と家族　創元社　（推薦理由：家庭裁判所の実践現場から気鋭の家裁調査官が，現代の家族と非行の実相について事例を通して解き明かしている。）

文　献
廣井 亮一（2005）．家庭裁判所にやってくる子どものウェルビーイング　現代のエスプリ, 453, 151-159.
廣井 亮一（2012）．司法臨床入門（第2版）――家裁調査官のアプローチ――　日本評論社
廣井 亮一（2013）．司法臨床――情状心理鑑定をめぐって――　藤田 政博（編）法と心理学　法律文化社
廣井 亮一（2017）．司法臨床における被害者と加害者　指宿 信（編）犯罪被害者と刑事司法　岩波書店
法務省（2014）．平成26年版犯罪白書　法務省
兼頭 吉市（1977）．刑の量定と鑑定――情状鑑定の法理　上野 正吉（編）刑事鑑定の理論と実務　成文堂
水藤 昌彦（2008）．オーストラリア・ビクトリア州における知的障害のある犯罪加害者へのケース・マネージメント実践　国際社会福祉情報, 32号, 55-64.
辻 孝司（2012）．弁護士から見た加害者――刑事裁判における加害者像の位置づけとその変化――　廣井 亮一（編著）加害者臨床　日本評論社

16章
産業労働分野の説明実践

大塚泰正：筑波大学

　本章では，産業労働分野の説明実践について，2015年より施行されたストレスチェックを取り上げ，解説する。労働安全衛生法の改正により，50名以上の従業員が働くすべての事業場では，年1回すべての従業員に対してストレスチェックを実施することが義務化された。ストレスチェックの結果は個人にフィードバックされるだけでなく，一定数以上の従業員でまとめられる集団ごとに算出し，フィードバックすることもできる。個人への説明では，仕事のストレッサー，ストレス反応，ソーシャルサポートの3要素がフィードバックされることが多い。また，集団への説明の際にも，仕事のストレッサーとソーシャルサポートからなる仕事のストレス判定図が用いられることが多く，これを活用して職場環境改善という活動が行われている。今後，公認心理師には，ストレスチェックの結果を個人に説明して個人レベルのストレスの改善を促すだけではなく，集団に対しても仕事のストレス判定図などを用いて結果を説明し，職場環境改善などの活動をファシリテートすることが求められる。

1．ストレスチェック制度の概要

　2014年6月に実施された労働安全衛生法の改正により，2015年12月以降，従業員数50名以上の事業場では，年1回のストレスチェックを実施することが義務づけられた。ストレスチェックは，メンタルヘルス不調の未然防止を目的とする一次予防に基づく活動であり，目に見えない職場のストレスを多面的かつ定量的に把握し，その結果を個人や集団にフィードバックすることを可能にしている。
　ストレスチェックは，図16-1の流れに沿って実施される。まず，ストレスチェック実施前には，「事業者による方針の表明」と「衛生委員会での調査審

16章　産業労働分野の説明実践

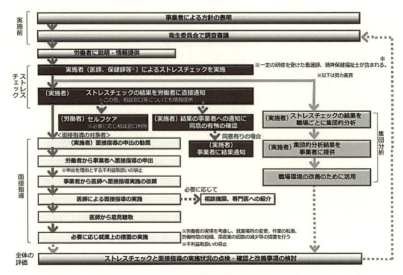

図16-1　ストレスチェックと面接指導の実施に係る流れ（厚生労働省, 2016）

＊2018年8月の労働安全衛生規則の改正により，一定の研修を受けた歯科医師，公認心理師も，実施者に含まれることになった。

表16-1　ストレスチェックの実施にあたって事前に労働者に説明しておくべき内容
（厚生労働省, 2015）

①ストレスチェック制度の目的に係る周知方法
・ストレスチェック制度は，労働者自身のストレスへの気付き及びその対処の支援並びに職場環境の改善を通じて，メンタルヘルス不調となることを未然に防止する一次予防を目的としており，メンタルヘルス不調者の発見を一義的な目的とはしないという趣旨を事業場内で周知する方法。
②ストレスチェック制度の実施体制
・ストレスチェックの実施者及びその他の実施事務従事者の選任等ストレスチェック制度の実施体制。
　実施者が複数いる場合は，共同実施者及び実施代表者を明示すること。この場合において，当該事業場の産業医等が実施者に含まれるときは，当該産業医等を実施代表者とすることが望ましい。
　なお，外部機関にストレスチェックの実施の全部を委託する場合は，当該委託契約の中で委託先の実施者，共同実施者及び実施代表者並びにその他の実施事務従事者を明示させること（結果の集計業務等の補助的な業務のみを外部機関に委託する場合にあっては，当該委託契約の中で委託先の実施事務従事者を明示させること）。
③ストレスチェック制度の実施方法
・ストレスチェックに使用する調査票及びその媒体。
・調査票に基づくストレスの程度の評価方法及び面接指導の対象とする高ストレス者を選定す

る基準。
・ストレスチェックの実施頻度，実施時期及び対象者。
・面接指導の申出の方法。
・面接指導の実施場所等の実施方法。
④ストレスチェック結果に基づく集団ごとの集計・分析の方法
・集団ごとの集計・分析の手法。
・集団ごとの集計・分析の対象とする集団の規模。
⑤ストレスチェックの受検の有無の情報の取扱い
・事業者による労働者のストレスチェックの受検の有無の把握方法。
・ストレスチェックの受検の勧奨の方法。
⑥ストレスチェック結果の記録の保存方法
・ストレスチェック結果の記録を保存する実施事務従事者の選任。
・ストレスチェック結果の記録の保存場所及び保存期間。
・実施者及びその他の実施事務従事者以外の者によりストレスチェック結果が閲覧されないためのセキュリティの確保等の情報管理の方法。
⑦ストレスチェック，面接指導及び集団ごとの集計・分析の結果の利用目的及び利用方法
・ストレスチェック結果の本人への通知方法。
・ストレスチェックの実施者による面接指導の申出の勧奨方法。
・ストレスチェック結果，集団ごとの集計・分析結果及び面接指導結果の共有方法及び共有範囲。
・ストレスチェック結果を事業者へ提供するに当たっての本人の同意の取得方法。
・本人の同意を取得した上で実施者から事業者に提供するストレスチェック結果に関する情報の範囲。
・集団ごとの集計・分析結果の活用方法。
⑧ストレスチェック，面接指導及び集団ごとの集計・分析に関する情報の開示，訂正，追加及び削除の方法
・情報の開示等の手続き。
・情報の開示等の業務に従事する者による秘密の保持の方法。
⑨ストレスチェック，面接指導及び集団ごとの集計・分析に関する情報の取扱いに関する苦情の処理方法
・苦情の処理窓口を外部機関に設ける場合の取扱い。
　なお，苦情の処理窓口を外部機関に設ける場合は，当該外部機関において労働者からの苦情又は相談に対し適切に対応することができるよう，当該窓口のスタッフが，企業内の産業保健スタッフと連携を図ることができる体制を整備しておくことが望ましい。
⑩労働者がストレスチェックを受けないことを選択できること
・労働者にストレスチェックを受検する義務はないが，ストレスチェック制度を効果的なものとするためにも，全ての労働者がストレスチェックを受検することが望ましいという制度の趣旨を事業場内で周知する方法。
⑪労働者に対する不利益な取扱いの防止
・ストレスチェック制度に係る労働者に対する不利益な取扱いとして禁止される行為を事業場内で周知する方法。

議」が行われる。ストレスチェックの実施主体は事業者であるため，事業者はストレスチェックを実施する体制を整備し，個人情報保護の方法などについて，労働者側に十分な説明を行うことが求められている。

　ストレスチェックの具体的な実施手順や役割分担などについては，各事業場に設置されている衛生委員会で審議される。通常，衛生委員会には，産業医や衛生管理者など，事業場内の労働安全衛生に関する専門職以外に，労使それぞれの立場の代表者が参加している。そのため，衛生委員会では，利害関係が対立しやすい参加者同士が，対話によってストレスチェックの実施方法などについて十分審議し，合意を形成することが重要になる。「心理的な負担の程度を把握するための検査及び面接指導の実施並びに面接指導結果に基づき事業者が講ずべき措置に関する指針」(厚生労働省, 2016) では，衛生委員会で決定された事項について，労働者に十分な説明を行うとともに，各事業場におけるストレスチェック制度の実施に関する規程を定め，これをあらかじめ労働者に対して周知することを推奨している。具体的には，表16-1に関する内容を労働者に対して事前に説明しておくことが望ましいと言われている。

　ストレスチェックの実施者になることができる者は，2018年8月現在，医師，保健師，および一定の研修を受けた看護師，精神保健福祉士，歯科医師，公認心理師となっている。実施者は，個々の労働者にストレスチェックを実施し，その結果を本人にのみフィードバックする。また，ストレスチェックの結果を一定数の集団（おおむね10名以上であることが望ましい）ごとに集計し，各尺度の平均値などを用いて分析結果を当該職場の労働者にフィードバックする。このように，ストレスチェックの結果は，個人および集団に対して説明される。2節および3節では，個人，集団ごとに，ストレスチェックの結果がどのように説明されているのか，その実際について紹介する。

2. 個人への説明

　ストレスチェックの結果は，図16-2のような形式で労働者個人に直接フィードバックされる。図16-2は，ストレスチェックの個人向けフィードバックシートの見本である。ストレスチェックでは，「仕事のストレッサー」（ストレ

2．個人への説明

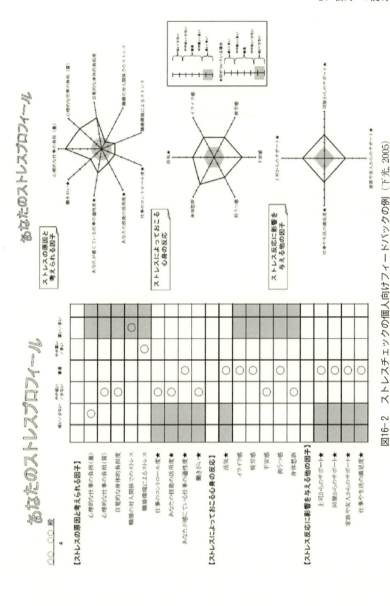

図16-2　ストレスチェックの個人向けフィードバックの例（下光，2005）

16章 産業労働分野の説明実践

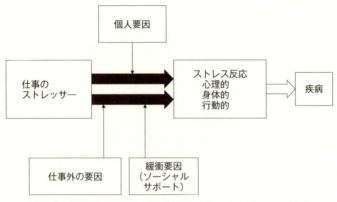

図16-3 NIOSH 職業性ストレスモデル（Hurrell & McLaney, 1988）

スの原因と考えられる因子），「ストレス反応」（ストレスによって起こる心身の反応），「ソーシャルサポート」（ストレス反応に影響を与える他の因子）の3要素が測定されることが一般的である。以下，ストレスチェック結果の個人への説明の仕方についての一例を紹介する。

代表的な職業性ストレスモデルの1つに，米国国立労働安全衛生研究所が提唱した NIOSH 職業性ストレスモデル（図16-3）がある。このモデルでは，仕事のストレッサーが種々のストレス反応を引き起こすこと，仕事のストレッサーとストレス反応との関連の強さをソーシャルサポートが調整することなどが示されている。

ストレスチェックの結果は，NIOSH 職業性ストレスモデルの枠組みに沿って説明すると理解しやすいと思われる。具体的には，このモデルを説明者と利用者が一緒に見ながら，本人が自覚するストレス反応がどのような仕事のストレッサーによって生じているのかを理解したり，ソーシャルサポートなど，仕事のストレッサーとストレス反応との関連の強さを緩和することができる要因を，これから利用者が活用することができるかを検討したりすることができるであろう。

なお，ストレスチェックの結果を説明者が利用者に説明する際には，結果は本人のみにしか伝えられていないこと，高ストレス者と判定された者は，希望があれば医師による面接指導を受けることができること，面接指導を受けても

不利益を受けることはないことなどを説明することも必要である。

3．集団への説明

　ストレスチェックによる集団分析の結果は，図16-4に示した仕事のストレス判定図を用いて説明されることが多い。仕事のストレス判定図では，当該職場における「仕事の量的負担」，「仕事のコントロール」，「上司の支援」，「同僚の支援」の4尺度の平均値が図中にプロットされ，最終的に「総合健康リスク」が算出される。総合健康リスクは，全国平均を100としたときに，数値が大きいほど，今後何らかの健康上のリスクが発生しやすいことを示している（例えば，図16-4では総合健康リスクが136となっているが，これは平均的な職場と比べて，1.36倍この職場では今後何らかの健康上のリスクが発生しやすいことを示している）。

　一般的に，集団分析の結果は，その職場に所属する従業員全員に対して，心

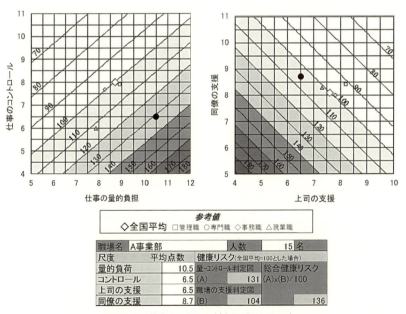

図16-4　仕事のストレス判定図（川上，2000）

理職などの説明者により説明される．そして，この結果は当該職場のどのようなことを反映しているのか，それを解決するためにはどのようなアクションを取ることができるのか，などについて，グループディスカッションの形式で議論を深めていく．そして，議論終了後，当該職場の従業員が主体的にアクションプランを立て，その計画を日々実行していく．このような一連の活動のことを，特に職場環境改善と呼ぶ．

　グループディスカッションの際は，説明者はファシリテーターとしてグループに参加する．ただし，あくまでディスカッションの主体は当該職場の従業員であるため，説明者は黒子の役割に徹し，必要に応じて利用者に対して議論を活性化させるような声かけを行ったり，結果の読み取り方などについて不明な点を解説したりする．

公認心理師への提言

　2015年より，労働者数50名以上の事業場では，年1回のストレスチェックを実施することが義務付けられ，職場のメンタルヘルス対策は大きな転換点を迎えている．公認心理師も，今後，この活動に大きく関与することが期待される．図16-1に示したように，ストレスチェックは面接指導を軸とした個人向けの流れと，集団分析に基づく職場環境改善を軸とした集団向けの流れとに大別される．公認心理師は，個人を対象にした説明には長けている者が多いと思われる．他方，集団を相手に説明を行い，議論を活性化させ，限られた時間内で意味のある結論を導き出すことはやや不得意であるかもしれない．しかしながら，職場環境改善を中心とした集団への対応は，うまく機能させることができれば図16-3に示したストレス反応のもととなる「仕事のストレッサー」そのものを改善することができる可能性がある．今後，公認心理師にも，個人だけでなく，集団に対する説明実践のスキルを高めていくことが求められているといえる．

読書案内

島津 明人・種市 康太郎（2016）．産業保健スタッフのためのセルフケア支援マニュアル：ストレスチェックと連動した相談の進め方　誠信書房　（推薦理由：ストレスチェックの個人への説明の仕方について，具体例を交えてわかりやすく解説されている．）

ストレスチェック実務Q&A編集委員会（2018）．集団分析・職場環境改善版　産業医・産業保健スタッフのためのストレスチェック実務Q&A　産業医学振興財団　（推薦理由：ストレスチェックの集団への説明の仕方について，豊富なQ&A形式で解説されている．また，集団

への説明を行う際のシナリオやパワーポイントの見本も掲載されている。）

文　献

Hurrell, J. J. & Mclaney, M. A.（1988）. Exposure to job stress: A new psychometric instrument. *Scandinavian Journal of Work, Environment, and Health, 14*（supplement 1），27-28.

川上　憲人（2000）.「健康影響評価」研究グループ報告　加藤　正明（班長）労働省平成11年度「作業関連疾患の予防に関する研究」労働の場におけるストレス及びその健康影響に関する研究報告書（pp.4-115）　東京医科大学衛生学公衆衛生学教室

厚生労働省（2015）. 心理的な負担の程度を把握するための検査及び面接指導の実施並びに面接指導結果に基づき事業者が講ずべき措置に関する指針　厚生労働省　Retrieved from 〈http://www.mhlw.go.jp/file/06-Seisakujouhou-11200000-Roudoukijunkyoku/K151130K0040.pdf〉（2018年4月17日閲覧）

厚生労働省（2016）. 改正労働安全衛生法に基づくストレスチェック制度について　厚生労働省　Retrieved from 〈http://www.mhlw.go.jp/bunya/roudoukijun/anzeneisei12/pdf/150422-1.pdf〉（2018年4月17日閲覧）

下光　輝一（2009）. 職業性ストレス簡易調査票を用いたストレスの現状把握のためのマニュアル――より効果的な職場環境等の改善対策のために――　東京医科大学衛生学公衆衛生学教室　Retrieved from 〈http://www.tmu-ph.ac/topics/pdf/manual2.pdf〉（2018年4月17日閲覧）

索 引

事項索引

A to Z
EBPの評価　124
IC　6, 109
NIOSH職業性ストレスモデル　158
OKサイン　96
Vサイン　96

あ行
アウトカム　126
悪性投影　146, 149
アジア的価値の遵守　48
誤った知識の学習　137
一次欠損　146, 149
一般化　22
一次予防　1, 153, 154
5つの分野　2, 3
イメージの心配　46
医療コミュニケーション　10
インパクト理論　127, 128
インフォームド・コンセント　2, 6, 109
うなずき　95
エビデンス　122, 124
円環的認識論　149
援助資源　138
援助に対する懸念・抵抗感　48
援助要請　45
エンブレム　96, 97
遠慮　47, 48
オーディエンス・デザイン　19
汚名への心配　47, 48

か行
解釈レベル理論　21, 22
外的資源　133, 135-137
カウンセリング　39, 65, 73
　　──の利益　51
　　──への馴染のなさ　47, 48
かかわり行動　⇒面接　11
学習支援　131, 138
　　──モデル　78
学習性無力感　133
数え足し　132
数える　134
家庭裁判所　143
　　──調査官　143
考えさせる　134
関係性　42
記号　95
気分一致効果　59
基本的傾聴の連鎖　⇒面接　11
キャンベル共同計画　123
旧情報・新情報契約　56
教育環境の安心・安全　128
教育談話　16
教科書　138
共感　96
教訓帰納　134
共通基盤　19, 66
協働　39
共同意思決定　7
協同活動　67
共同ジェスチャー　105
強要への心配　47

索 引

空間スケール ⇒時間スケール　15, 17, 19
ぐ犯少年　144
刑事裁判　147
刑事司法　141, 144
権威勾配　63
言語コード　20
言語の時空間　15, 22
現実と希望のバランスを踏まえた対面での説
　　明　113
高次脳機能障害　30
更生　143, 145, 147
構造方略　78-80
口頭説明　65
合理的配慮　26, 28
口話法　31
呼応性への心配　47, 48
誤解　57-59
誤認識　72
これくらいで十分アプローチ　58
根拠に基づいたわかりやすい説明　111

さ行

サービスギャップ　45
再帰的フィードバック　72
裁判員裁判　146
さくらんぼ算　132
支えあう地域　128
産出欠如 ⇒媒介　80
三次予防　1
ジェスチャー　27, 95
　　共同——　105
　　抽象的直示——　97
　　直示——　96, 97
支援ニーズ　78
視覚障害　29
時間スケール ⇒空間スケール　15, 17, 19,
　　20
事件の意味　145
自己隠蔽　48
自己開示　13, 48
　　——の恐れ　47, 48
自己決定　109, 117

自己効力感　133
自己スティグマ　48
自己説明効果　72
自己中心性　56
仕事のストレス判定図　159
仕事のストレッサー　156
自己防衛　150
指示内容　100, 101, 106
システマティック・レビュー　123
システム論　149
肢体不自由　30
視点取得　56
社会的障壁　27
社会的スティグマ　48
社会的相互行為　98
酌量　147
ジャスティス・クライエント　151
修辞機能　22, 23
授業・学習談話　16
主治医の説明と矛盾しないような補足的な説
　　明　115
手話　31
障害　26
障害者　26
　　——権利条約　26
　　——差別解消法　26, 28
省察　61
情状心理鑑定　145-147, 150
情動的興味 ⇒認知的　88
少年司法　141, 144
情報開示　116
情報共有　116
情報通信技術　87
職場環境改善　160
触法少年　144
処罰感情　147
自律性　109, 117
知る権利　116
心的な枠組み　38
真の動機　148, 150
心理アセスメント　37
心理支援　35

164

心理的苦痛　48
心理的な負担の程度を把握するための検査及び面接指導の実施並びに面接指導結果に基づき事業者が講ずべき措置に関する指針　154
図　136
数の合成　132, 135
数の分解　132, 135
スクールカウンセラー　45
スクールソーシャルワーク　125
スティグマ　47, 48
　　自己——　48
　　社会的——　48
　　セルフ——　48
　　パブリック——　48
ストレス反応　156
図の有効性　136
図表　27, 85
生活文脈　43
精神鑑定　142, 145
精神障害　29
成年後見人　31
積極技法　⇒面接　11
説明過程の時空間　15, 17-21
説明義務　110
説明実践　36, 145
説明書　75
説明責任　115, 122
説明と同意　2
説明による理解促進効果　71
説明の改善　60, 62
説明の心理プロセス　66
説明モデル　6, 66
説明力　116
セラピストの呼応性　46
セルフスティグマ　48
選択　78
専門家への援助要請　48
総体としての生身の人間　147, 149
相談スキル　47
ソーシャルサポート　48, 156

た行
体制化　78
ダイバーシティ　25
対面での説明（現実と希望のバランスを踏まえた）　113
対話モデル　66
脱中心化　56
脱文脈化　23
知識構築的な活動　71
知的障害　29
注意　91
抽象的直示ジェスチャー　97
聴覚障害　29
調整効果　81
調整談話　16
直示ジェスチャー　96, 97
直接的フィードバック　73
ツールキット　124
つまずき　138
丁寧で温かい説明　113
投影　147
動機づけ　85
統合　78
読心　98

な行
ニーズ　25
握りこぶし　97
二次予防　1
認知過程の言語化　136
認知構造　137
認知的興味　⇒情動的　88
認知的存在　102
ネグレクト　146
ノーシーボ効果　9

は行
媒介欠如　⇒産出　80
パターナリズム　109, 110
発達障害　26-28
　　——者支援法　26
発話　95

索　引

──の含意　57
パブリックスティグマ　48
犯罪少年　143
被害者への贖罪　150
非言語メッセージ　11
非行　144
非行少年　143
筆談　30, 31
標準化　79
非連続型テキスト　⇒連続型　85
フィデリティ　123
フィードバック　18, 35, 38, 43, 71, 73, 111, 113, 153, 156, 157
　　再帰的──　72, 73
　　直接的──　73
振り返り　134
文法規則　96
文脈　7, 9, 10, 14, 17, 23, 28, 37, 38, 95-97, 101, 106
ヘルシンキ宣言　110
ポインティング　97
防衛機制　149
保護された自由な空間　39
補足的な説明（主治医の説明と矛盾しないような）　115

ま行
見捨てられ体験　147, 149
無作為化比較試験　123
メタ・アナリシス　123
メタ認知　55, 61
メタファー　149
面接　10
目的指向型思考　122

モデリング　136
モニタリング　72
問題解決　122

や行
唯物的な媒体　102
指差し　97
指を使った計算　131
抑うつ　48
4つの業務　1

ら行
利益の予期　48
理解　85
理解過程　78
理解支援　89
理解不振　18, 19, 36
理解不足　71
リスクの予期　48
リハーサル　134
利用者デザイン　19
利用者の知識レベル　69
利用者の利益　50
利用者モデル　15, 18, 20-23
量定判断　145
類似ジェスチャー　96, 97
連続型テキスト　⇒非連続型　85

わ行
ワーキングメモリ　58, 135
わかったつもり　18
わかりやすい説明（根拠に基づいた）　111
わかっているだろう　68, 69, 72
わかる　133

欧文事項索引

abstract deictic gesture　97
accountability　115
authority gradient　63

Campbell Collaboration　123

cognitive being　102
common ground　66
content　10
context　10

decentration   56
deictic gesture   96
DHS: Department of Human Services   151
dialogic model   66
discoursing   15
diversity   25

EBM: Evidence Based Medicine   121
EBP: Evidence Based Practice   121
egocentrism   56
ELAN   106
emblem   96
explanatory practices   36
explanatory model   6

given-new contract   56
good enough   58

Headspace   50

iconic gesture   96
ICT   87
illness narrative   6
instructional discourse   16
internal frame of reference   38

Justice client   151

material carrier   102
metacognition   61
metaphor   149
mind reading   98, 101
mood congruency effect   59

PDCA   66
pedagogic discourse   16
perspective-taking   56

QOL   126, 128

RCT   123, 124
recursive feedback   72
reflection   61
regulative discourse   16

shared decision making   7
social interaction   98
stratification   20

VOCA   32

人名・団体索引

邦文表記

秋山薊二　121-125
アドルノ, T.　8
阿部謹也　35
石隈利紀　77
市川伸一　137
伊藤貴昭　65, 71, 72
岩槻恵子　89
ウィルクス=ギッブス, D.　66
植阪友理　136
おおいた市民法律事務所　142
大島　巌　122, 124, 125
大塚泰正　153
岡　直樹　131
オキタ, S. Y.　73
織田　涼　78, 80

海保博之　77
垣花真一郎　71, 72
加藤　澄　18
兼頭吉市　145
川上憲人　159
神田橋篠治　42
岸　学　75
岸本寛史　7-9, 37
北島宗雄　86, 87
クシュナー, M. G.　46
クラーク, H. H.　66
クルップ, W.　111
ケイサー, B.　59
厚生労働省　3, 36, 49, 154, 155
コー, M.　76
児玉裕巳　77
古宮　昇　46

斎藤清二　5, 10

佐々木悠人　49
佐藤豊道　123
佐野文男　110, 116
沢宮容子　1
三宮真智子　55, 57, 61
島田英昭　78, 80, 85-88
島根あさひ社会復帰センター　143
下光輝一　157
シュヴァルツ, N.　59
シュライバー, K.　78
シュワルツ, D. L.　72, 73

田島充士　18, 72
チー, M. T.　69
中央教育審議会　25
柘植雅義　25
辻　孝司　148
デンプスター, R.　48
外山美樹　77

永井　智　47
中岡千幸　50
西林克彦　72
日本医師会　116
日本医師会生命倫理懇談会　110
ノーマン, D.　77
野村晴夫　43
野呂幾久子　76, 81

ハートレイ, J.　80
ハープ, S. F.　88, 91
バトラー, J.　8
ハリデー, M. A. K.　16
半田一郎　50
ピアジェ, J.　56
ヒポクラテス　109
比留間正白　i, 15, 16, 76

廣井亮一　141, 144, 145, 150
深谷達史　72
ブラウン, A. L.　61
古山宣洋　95, 96
フレーヴェル, J. H.　61
ブレス, H.　59
ベック, A.　76
ポラード, C.　80

マクナマラ, D.　81
増田公香　122
マティスン, C. M. I. M.　16
三島亜紀子　122
水野治久　45, 47, 49, 50
宗像恒次　110, 117
邑本俊亮　76, 81
メイヤー, B.　80
メイヤー, R. E.　78, 88, 91
森岡正芳　35
森地　徹　121
茂呂雄二　72
文部科学省　26

山岡章浩　76, 81
山口育子　111
山口創生　122-124
山口豊一　45
山崎久美子　109
山野則子　125
山本亜紀　76, 81
山本博樹　i, 18, 19, 36, 42, 51, 75-78, 80, 81

ライト, P.　80, 81
リックウッド, D.　47
ロジャーズ, C. R.　11, 42

欧文表記

American Psychological
　　Association　46

Baddeley, A. D.　58
Beck, A.　76
Bell, A.　19
Bernstein, B.　16, 20
Best, R.　81
Bless, H.　59
Bower, G. H.　59
Brennan, S. E.　19, 68
Butler, J.　37

Chi, M. T.　69-72
Clark, H. H.　19, 56-68
Cloran, C　16, 20, 22
Coe, M.　76
Corrigan, P.　48

Dell, G. S.　55
Dempster, R.　48
Duffy, T. M.　56
Duncan Jr., S.　98

Emery, G.　76

Ferreira, F.　58
Fiske, D. W.　98
Forgas, J. P.　59
Furuyama, N.　105
Fussell, S. R.　62

Gordon, T.　2

Haliday, M. A. K.　16, 20

Hanna, J. E.　19
Hartley, J.　80
Haviland, S. E.　56
Headspace　50
Heidegger, M.　102
Hurrell, J. J.　158

Ina, M.　48
Ishikawa, H.　46

Joshi, P. D.　22

Kendon, A.　96
Keysar, B.　59, 60
Kimbara, I.　105
Kleinman, A.　6
Koedinger, K. R.　69
Krauss, R. M.　62
Krupp, W.　111
Kushner, M. G.　46

Lemke, J. L.　17
Леонтьев, А. Н.　15
Liberman, N.　21

Matthessen, C. M. I. M.
　　16, 21
Mayer, R. E.　78, 79
McLaney, M. A.　158
McNamara, D.　81
McNeill, D.　96-98, 100-
　　105
Meyer, B.　80
Morita, M.　48

Nathan, M. J.　69

Norman, D.　77

Okita, S. Y.　72, 73
O'Reilly, T.　81
Öxyüreck, A.　105
Ozuru, Y.　81

Patson, N.　58
Piaget, J.　56
Pollard, C.　80

Rickwood, D.　48
Rogers, C. R.　11, 38
Roscoe, R. D.　70, 71
Rush, A.　76

Schaefer, E. F.　66
Schober, M. F.　62
Schriver, K.　78
Schwartz, D. L.　72, 73
Schwarz, N.　59
Shaw, B.　76
Sher, K. J.　46

Trope, Y.　21

Vogel, D. L.　48, 49
Vygotsky, L. S.　101, 102

Wakslak, C. J.　22
Wells, G.　15
Wilkes-Gibbs, D.　66, 67
Wittwer, J.　68
Wright, P.　80, 81

Yamaguchi, S.　49

執筆者紹介

沢宮容子（さわみや・ようこ）	筑波大学大学院教育研究科を経る 現職：筑波大学人間系心理学域教授	1 章
斎藤清二（さいとう・せいじ）	新潟大学医学部を経る 現職：立命館大学総合心理学部特別招聘教授	2 章
比留間太白（ひるま・ふとし）	筑波大学大学院心理学研究科を経る 現職：関西大学文学部教授	3 章
柘植雅義（つげ・まさよし）	筑波大学大学院教育学研究科を経る 現職：筑波大学人間系障害科学域教授	4 章
森岡正芳（もりおか・まさよし）	京都大学大学院教育学研究科を経る 現職：立命館大学総合心理学部教授	5 章
水野治久（みずの・はるひさ）	筑波大学大学院心理学研究科を経る 現職：大阪教育大学教育学部教授	6 章
三宮真智子（さんのみや・まちこ）	大阪大学大学院人間科学研究科を経る 現職：大阪大学大学院人間科学研究科教授	7 章
伊藤貴昭（いとう・たかあき）	慶應義塾大学大学院社会学研究科を経る 現職：明治大学文学部准教授	8 章
山本博樹（やまもと・ひろき）	筑波大学大学院心理学研究科を経る 現職：立命館大学総合心理学部教授	9 章
島田英昭（しまだ・ひであき）	筑波大学大学院心理学研究科を経る 現職：信州大学学術研究院教育学系准教授	10章
古山宣洋（ふるやま・のぶひろ）	シカゴ大学大学院を経る 現職：早稲田大学人間科学学術院教授	11章
山崎久美子（やまざき・くみこ）	上智大学大学院文学研究科を経る 現職：防衛医科大学校医学教育部准教授	12章
森地 徹（もりち・とおる）	日本社会事業大学大学院社会福祉学研究科を経る 現職：筑波大学人間系障害科学域助教	13章
岡 直樹（おか・なおき）	広島大学大学院教育学研究科を経る 現職：徳島文理大学人間生活学部教授	14章
廣井亮一（ひろい・りょういち）	大阪市立大学大学院生活科学研究科を経る 現職：立命館大学総合心理学部教授	15章
大塚泰正（おおつか・やすまさ）	筑波大学大学院教育研究科を経る 現職：筑波大学人間系心理学域准教授	16章

公認心理師のための説明実践の心理学

| 2018年11月10日 | 初版第 1 刷発行 | 定価はカヴァーに表示してあります |

編著者　山本博樹
発行者　中西　良
発行所　株式会社ナカニシヤ出版
〒606-8161　京都市左京区一乗寺木ノ本町15番地
　　　　　Telephone 075-723-0111
　　　　　Facsimile 075-723-0095
　Website http://www.nakanishiya.co.jp/
　Email　iihon-ippai@nakanishiya.co.jp
　　　　　郵便振替　01030-0-13128

装幀＝白沢　正／印刷・製本＝亜細亜印刷株式会社

Copyright © 2018 by Hiroki Yamamoto

Printed in Japan.

ISBN978-4-7795-1317-6 C3011

本書のコピー，スキャン，デジタル化等の無断複製は著作権法上での例外を除き禁じられています。本書を代行業者等の第三者に依頼してスキャンやデジタル化することはたとえ個人や家庭内の利用であっても著作権法上認められておりません。